知的生きかた文庫

禅、「あたま」の整理

藤原東演

三笠書房

まえがき――悩むことは、自分のあり方を問われている大切な出会い

人生という道程で、わたしは何度も迷い、悩みながら歩いてきた。

二十四歳のとき、禅の修行道場に入った。いろいろあって「逃げたい」という迷いも起きたが、何とか踏みとどまった。人生とは不可思議なもので、そのおかげで、禅に出会い、学ぶこととなったのである。

六十過ぎても相変わらず悩みつつ生きているのだが、悩みをなくそうという努力は無駄事だと気づかせ、それよりも悩んでいる頭を整理するほうが、よほど賢明だと悟ることができたのは禅の力である。

とくに、修行道場を出てからは、『禅語』が頭の整理をするのに大いに役立った。『禅語』は禅僧が厳しい修行に打ち込み、命がけで自我を解体し、本当の自己に目覚め、自在になった境地から生まれた言句である。本来、透徹した境地である。『禅語』の世界はわたしのようないたらぬ者には及びがたいものだ。

しかし『禅語』はわたしの心の支えとなり、生きる力を与えてくれたのである。これを説明するには、わたしが禅から学んだ体験を語らねばならない。

大学四回生のとき大病した。そこでわたしの人生の歯車は大きく狂ってしまう。将来の夢をあきらめ、仕方なく頭髪を剃った。道場は規則ずくめの不自由な生活。勤労も華奢《きゃしゃ》な身体のわたしにはきつかった。なにしろ睡眠時間も平均三時間半、これにも参った。ともかく苦しい日々を我慢と惰性で送っていた。

だが禅は内奥《ないおう》する無限の力を秘めているので、道心のない者にも様々な機会を通じて、目を開けさせてくれた。道場に入門した当初のこと。先輩の雲水《うんすい》と作務《さむ》をした。休憩の折、「あんたは両足で大地を歩いたことがあるのか」と突然、人を馬鹿にしたような問いが彼から放たれた。

わたしは、とまどっていたが、彼はそれ以上に迫ってこなかった。だがその問いは頭にトゲが刺さったように、脳裏から離れなくなったのである。何日かして、鈍なわたしにも思い当たる節があった。

「おまえの日常を見ていると、道場の生活が辛くて仕方がない、早く寺に帰って気ままに楽にやりたい。そんな心が丸見えだ。おまえの身体は道場にあるが、心は寺に帰っている。身体と心がバラバラの奴は、両足のない幽霊じゃないか」と。このとき初めて己の無様な修行に気づかされた。道場では「死に切れ」「なり切れ」と耳にタコができるくらい言われる。嫌だとか苦しいとか、そんな妄想はほうっておいて、我を忘れて、今、目前のことがらに飛び込めということである。この二つの言句こそ道場で学んだ最初の「禅語」であった。

それ以後の修行も悪戦苦闘の連続であった。本文の中でいくつか書いているので、ここでは触れないが、道場を出てから、さらに己の弱さとの葛藤が本格的に始まったのである。

道場の苦しさは自分一人のもので、自分さえ耐えれば結局なんとかしのげた。しかし、道場を出てから、現実に社会に触れ合って、どう僧侶として、人間として生きたらよいのか、さっぱりわからなかったし、わたしは仏教の学問をきちんとしたことがなかったから、プロの僧侶になるには消しがたい不安があった。

家族もできて、家庭の様々な問題も背負わなければならなかったし、長男がたった八カ月でこの世を去った。人間の生命とははかないものか、逆縁をどう受け止めたらいいのか、悩みに悩んだ。これが三十代であった。

四十代も様々な出来事で悩みに出会った。四十八歳のとき、住職となり、その責任の重さを感じた。五十代にとくに苦労したのは心と体の金属疲労に似た、絶不調であり、死を覚悟したこともあった。同じころ経営していたサールナートホールという文化ホールの運営が赤字となり、このままでは破綻をきたす状況となり、職員の給与の支払いもきつくなった。彼らの家族の生活を考えると、経営者としての己の無力が申し訳なく、胸が痛み、愚痴ばかり出た。

白隠《はくいん》禅師の『坐禅和讃《ざぜんわさん》』を坐禅会で読んだとき、「六道輪廻の因縁は、己が愚痴の闇路《やみじ》なり」という一節にぶつかる。苦しい苦しいといくら愚痴を言っても、よけい地獄のような苦しみの世界をうろつくだけだというのだ。「ハッ」として、「やるだけやって、あとは天にまかせよう」と自分に言い聞かせた。

六十を越した今、自分の人生を振り返っても、悩みから解放されたわけではない。だが禅によって導かれてきたことは間違いない。とくに禅語に支えられたことは先に述べたが、『禅語』には禅者の躍動する生命が宿っていて、その力によってわたしのような悩める衆生も生きる気力を回復させてもらってきたようだ。そして何より、『禅語』の教える境地と己のそれを比べたとき、己の境地の現在地とも言える精神のレベルが浮き彫りにされて、自己を磨き向上させる方向が見えてきたことがありがたかった。そのおかげで、そのときそのとき抱えている悩みが整理され、自ずと余分な雑念が掃除されていったと信じている。おそらく、死ぬまで、悩みと禅語の共生きの人生が続くだろう。

最後に今の正直な心境を述べておきたい。

悩むことは、自分のあり方を問われている大切な出会いである。

悩みをなくそうとする必要はない
悩んでいける自分がありがたい

藤原東演

目次

2章 疲れたときの「禅」

——「一息つきたい」と感じたときの【禅・8話】

3章 こだわりが残ったときの「禅」

——毎日を楽に生きられる【禅・8話】

4章 自由になりたいときの「禅」

——人やものにとらわれない【禅・8話】

5章 生きるための「禅」

――毎日がもっと充実して楽しくなる【禅・8話】

（編集協力／岩下賢作）

1
章

困ったときの「禅」

――もう一つの目で人間関係をながめてみる【禅・8話】

1 求めすぎない――「淡交」

――「淡交《たんこう》」のチカラ

「君子の交わりは淡《あわ》きこと水の如し」という禅語は『荘子《そうじ》』（山木篇《さんぼく》）に出てくる。

この言葉は交際のキーポイントを提供してくれる。わたしたちはともすると触れ合っているうちに、いい人と思うと、できるだけこの人と親密になりたい、という気持ちがすぐ起こる。あるいは初対面にもかかわらず、意気投合してしまい何もかも気を許せることが、とてもいいことだと思っているところがある。

ところが荘子は、やはりまず相手が信頼できるかどうか、しっかり観察しなくてはならないと言う。そのために相手と一定の距離を置くことを勧める。この距離には時間も含まれる。

距離も時間も置いて、ゆっくり相手を客観視してから交際しても遅くない、と言うのである。


ほんとうに親しい友を持っているか。何もかも打ち明けることができる、相談できる人がいるか。そんな問いかけをされたら、あなたはどう答えるだろうか。

「自分にそういう友が何人もいると自信を持って言いたい」そういう気持ちがわたしにはある。その問いには何か自分に人間的な魅力があるかどうかを試されているような気がするからである。

ところでこの問いに答える前に、これまでわたし自身、親友がいると思ってきたが、最近、親友と判断する基準はどこにあるのか、それなしに親友かどうか決めるのは変なことだと思うようになった。

たとえば、冒頭の問いにもあったが、親しい友とはふだん気楽に行き来しているとか、心やすく話せるとか、飲食できるとか、そういう関係でいいのか。それとも無二の親友と言われるように、自己犠牲を惜しまない関係なのか。

どこかに線を引かないと、親しい友かどうか決められないのではないか。無論、相手の判断もあるわけで、双方一致しないと真に親しい関係とは言えないのではないか、という問題も出てくる。

でも、でも、である。

こんな友人論を展開しても果たして意味があるのか、とふと疑問がわいてきた。親しい友がどのようなカテゴリーによって決められたとしても、そんなことより気楽な付き合いができる友であれ、本当に心から信頼できる友であれ、つまり親しいと思う関係のレベルが何であれ、どれだけその関係を持続できるかどうか、が大切ではないのか。

思うに、友人に限らず上司でも同僚でも部下でも、その親しいレベルがどのレベルであれ、親しい人が多いということはやっぱり仕事にとっても人生にとっても有益であることは間違いないからだ。

親しい友はかけがえのない心の財産である。

では親しい人間関係を持続するにはどういうことに留意したらよいのか。そのポイントは何か。

この「ものさし」で人間関係を計る

この「淡交」という言葉に出会ったとき、最初とても水臭い感じがしたし、相手にも失礼だと思った。

ところがこの言葉によって、いたく反省させられた出来事が起きたのである。とても信頼していた人に裏切られたと思い、人間不信で苦しんだことがあった。悩んだ末、何十年と付き合い、愚痴も聞いてくれる友にそのことを話したら、わたしの人間の見方が未熟であったことを指摘された。

「きみは、この人は仕事ができる、有能だと思うと、すぐ自分の同好《どうこう》の士と思い込むところがある。すぐ信頼してかかり、本音をしゃべってしまう。いい人だと思うとその人に対する把握が甘くなる。その人の言動をもっとしっかり見極めるしかない」と。

そう言われてみると、相手がわたしに好意的にしてくれたと思い込んだ性急さこそ問題であったのだ。親しくもないのに本音を語るのは相手にとって重荷であることにも無知であった。人情の機微に触れられなかった。己の鈍感さに気づかず、自分の相手への甘えがいかに不快であったかも気づかなかったのだ。

もしわたしが時間をかけ距離をおいて、この人とゆっくり付き合っていたら、相手の気持ちを汲み取るゆとりが生まれ、彼との人間関係もまた別の展開をしたかもしれない。

やはり親しい友という人間関係の継続の鍵は「淡交」という観察距離と時間というものさしをおくことにある。それによって、自分の思い上がりを冷やすことが欠かせないのだ。それがほんとうに身にしみた。

平行で同向の友がいい

もうひとつ忘れてはならないことがあった。親しい人や友の関係は双方の間に適度な距離のある平行線関係でいい、ということである。

自分の思考線と相手のそれを重ねてこそ濃い人間関係を築けるはずと、安易に考えるところがわたしにはあった。だから相手に理解や信頼、期待を過度に求めすぎてしまうことになってしまった。

人間不信に陥って相手との平行線の距離を広げてしまうのもさびしいが、すべての人と親しい関係を作るのは無理に決まっている。それなら自分にとってどんな人間関係が理想的だろうか考えたくなった。

あの苦い体験をしてから、一人でも二人でもいいから、親しき友は同じ方向を見つめる平行の友であったらいい、と思うようになった。できたら趣味でもいい、仕事観でもいい、人生観でもいい。ともに太陽に向かうような、前向きな思考が共通していれば十分だと思うのだ。

あんまり双方が求めすぎると、関係は必ず行き詰まる。

「淡交」という関係には同行二人《どうぎょうににん》というより、同向二人の曖昧性とあたたかさを共有することが大事ではないのか。

それにしてもこの禅語、「淡交」は掘れば掘るほど、実に含蓄が深いことがわかる。

2 白黒つけず、灰色があってもいい

――「一得一失《いっとくいっしつ》」のチカラ

「一得一失」という禅語は『無門関《むもんかん》』第二十六則に出てくる。

八世紀、中国で活躍した法眼禅師《ほうげんぜんじ》の部屋に、修行僧が集まった。法眼は黙って、下がっていたすだれを指さした。二人の僧が同時にすだれのところへ行き、同じように巻き上げた。禅師は「一得一失」と言った。この「一得一失」は何を得たとか、失ったとかいう意味ではない。一人はよいが、もう一人は悪い、くらいの意味と受け止めればいい。

では同じようにすだれを巻き上げながら、なぜこの二人の行為に是非《ぜひ》の区別がつけられるのか。一人の僧の境地が優れていて、もう一人は未熟であったからであろうか。法眼のこの公案に込められた意図はいったいなにか。

人間は人を見るとき、やっぱりいい人と悪い人と二分思考して判断する。でも、この見方では人の判断をあやまったり、人間関係を育てることはできない欠陥がある。この二分思考を一度、ぶっこわしてしまうことが求められる。人の外面に現れた言動ではなく、その人の奥底にある真の人間性をまず観なくてはならない。仏教ではすべての人間は平等に真の人間性、良心といってもいいが、それを有しているというのが大前提だ。

わが師、林恵鏡老師は弟子の善悪など一切言われなかった。

それより「あれは身体に持病があって大変じゃ」「あれはなかなか精進している」と個々の雲水のことに気を配り、誰もが禅僧として、いや人間として伸びてほしいと念じておられた。つまり人間性の平等観に立って、それぞれの人の善悪も是非も承知して、それはそれとして弟子を育成しておられた。

こういう平等即差別の大らかで、かつ綿密な心配りで人とふれ合い、人を見ていくことができたらすばらしい。法眼の「一得一失」の言句もそういう願いがあったと受けとめている。

わたしたちはとかくものごとを、とくに人間を、是非・敵味方・優劣・プラスマイナスといった二分法で、白黒をつけて判断するところがある。そして、自分を治外法権の安全地帯において、「あいつはよくない」「彼は信頼できる」と区別して、「あいつとは一緒の仕事はできない」と勝手に決め付けることもある。

わたしもある人から「清濁《せいだく》併《あわ》せ呑《の》む度量がないと、上に立てない」と言われたことがあった。おそらく、わたしの言動が二分思考にとらわれていると感じられたから、彼はそういうアドバイスをしてくれたに違いない。

二分思考にはどんなデメリットがあるのだろうか。まず相手を自分の敵と考えると、どうしても相手の仕草が気になり、緊張感が生まれやすくなるし、欠点に厳しくなり、軽蔑心や嫌悪感を必要以上に増幅させがちなところがある。だから言動がきつくなる。相手の意見が正しいと思っても、反対したくなる。

一方で味方と思うと、信頼しすぎて、寄りかかるところが多くなる。相手を傷つけたくないので、相手の問題点にも甘くなるところがある。それに味方と思った人に反対されたりすると、自分への気持ちが変節したのではと疑心暗鬼《ぎしんあんき》が強くなり、悩む。

つまりどんどん見方が狭くなり、判断が不自由になっていくところがある。当然、人間関係は広がらないから、人づての情報がどんどん少なくなる。相手もこちらの心の揺れがすぐわかるから、人間関係を悪くさせる原因にもなる。

では二分思考はこうしたマイナス面が多いのに、なぜそれに執着してしまうのか。わたしたちはその分別をさっさと掃除、除去できないのだろうか。結局、自分にとっていい人か、そうでない人かの好悪の感情は、相手が自分をどう処したか、によって決まる。自分のことを認めてくれたことをその態度で感じられたら、その人はいい人イコール味方。そうでない人はやりにくい奴イコール敵となる。一度、どちらかのレッテルを貼ると、そう思い込む。決め付けたい癖が人間にはあるようだ。つまり、「自分を」という思いを起こす自我がその癖というホコリを作り、自分を縛るのだ。

何も育たない「二分思考」

「一得一失」の二分思考法は、先に述べたように、好ましい人間関係を育てることはできない。それどころか相手を殺してしまう。言い方は物騒だが、こちらが是非の判断にとらわれているとき、相手も自分の長所、短所をありのままに見せることができないから、素直に自分を表現できず、生命が輝かない。その人の持っているものを育むことができず、殺しているのだ。

江戸時代の禅者、盤珪《ばんけい》禅師の道場で、厳しい修行が始まった。

ある日、一人の修行僧から禅師に「Sという雲水は前から素行が悪く盗みを働きます。今度の接心《せっしん》（だいたい一週間単位のとくに厳しい修行期間）が始まったら、必ずまたやります。こんな男は追い出してください。さもなければ、わたしたちが出て行きます」と訴えた。すると盤珪は「この雲水はほかに行く所がない。ここでしか修行ができない。それがいやならお前たちが出て行くしかない」と答えたという。

善悪、是非で考えたら、当然、盤珪はSを破門したかもしれない。

しかし、Sはここを出て行ったら、また犯罪を起こすに違いない。他の雲水は他所《よそ》へ行っても修行を続けることができるだろう。盤珪にとってSも他の雲水もなんとしても悟りの道を歩ませたかったのに違いない。自分の道場にやって来る者はみなわが子だと、慈愛の心をもって触れ合ったのだ。

一呼吸禅のすすめ

是非の二分思考にとらわれていては、自分も相手も殺すことになる。

そうではなく、どんな者であれ活かす道をいつも求めていたのが盤珪ではなかったか。盤珪には自我の心などまったく払拭《ふっしょく》されていたのだ。だから禅師はそういう二分思考を止揚《しよう》した大らかな生き方ができる。

人間というものは、なかなか二分思考のしがらみを捨てることはできないものだ。そこでわたしが提案したのが、一呼吸禅である。ゆっくり吐いて吸う。間をおくと、思考が中断される。そこで、相手を見ようと努めている。

これが現在のわたしの二分思考の掃除方法である。

3 口に出さねど、通じる関係

――「南山《なんざん》に鼓を打てば、北山《ほくざん》に舞う」のチカラ

南山とは、中国の西安《せいあん》の南方にある終南山《しゅうなんざん》のことで、仏教の史跡も多く、わたしも訪れたことがある三蔵《さんぞう》法師、玄奘《げんじょう》の興教寺がある。

北山とは、京都東福寺の開山、聖一国師《しょういちこくし》（円爾《えんに》）が修行した浙江《せっこう》省の霊隠寺と『禅学大辞典』に出ている。

ただし、二つの山を特定する必要はない。南山で鼓を打つと、それに合わせて即座に遠く遠く離れた北山で踊りを舞う、という意味。

この禅語は、「日々是好日《にちにちこれこうにち》」という言句で知られる雲門文偃《ぶんえん》禅師の語録『雲門

広録』にある。遠距離で離れた山と山、とても現実にはありえないことをこの句は詠《うた》っている。この禅語はいったい、なにを意味するのか。

実はお互い気が合った知音《ちいん》（親友）同士が、相手の振る舞いを見て、即座にその心を察し、それに的確に応じる。その過不足のない、呼吸がぴったり合った応酬をたたえた言葉なのである。

仕事をするとき、わが気持ちを余すところなく汲み取ってくれて、ぴったりと答えてくれる人がいたら、仕事はやり易いし、はかどる。それになんといっても気持ちのいいものだ。

考えてみると、夫婦であれ、上司と部下であれ、同僚であれ、兄弟であれ、心が通じない関係なら、二人の心の距離は南山と北山の距離どころか、月と地球くらい、それ以上、無限にその間は離れている。気心が知れるような関係が育てられれば、物理的な距離など全く無関係だ。この句のようにすばらしい呼応ができるし、なによりもストレスが溜まらない。

信頼関係のない夫婦ほど……

トルストイが六十歳を過ぎたころ書いた中編小説『クロイツェル・ソナタ』を思い出した。信頼関係を築けなかった夫婦の破局の物語である。主人公であるポズドヌイシェフが列車で隣り合わせた人に自己紹介をする。彼は弁護士で、家庭が、夫婦が如何に破局を迎えたかを語り始める。実はベートーヴェンが作曲した「クロイツェル・ソナタ」こそが原因であった。

彼は三十過ぎて、清純な娘を見つけ、結婚する。

しかし結婚して早くも二、三日で二人の間に存在する深い溝が露呈されたことに無自覚であった。夫は妻の気持ちを察しようとせず、妻は妻で夫の気持ちを理解しようとしなかった。それから八年間、妻は五人の子を出産し、育児に追われた。

そして、夫婦関係は憎しみがどんどん深まっていった。妻は子育てが終わると、結婚前に続けていたピアノを再開した。そんなときに、セミプロのバイオリニストがパリからロシアにもどってきた。ポズドヌイシェフがこの一見二枚目の男を妻に紹介する。

さっそく二人は音楽の話で意気投合し、彼は合奏を申し込む。妻がこの男に好意を持っていることがわかったし、この男が好色の目で妻を見ていることが腹立たしく、これまでにない嫉妬心がわいた。

趣向をこらした食事と音楽会の夕べを開いた。二人はベートーヴェンの「クロイツェル・ソナタ」を演奏した。

この作品はピアノとバイオリンの調和がすばらしく、二人の演奏者の心がひとつになっていないと、絶対演奏できない曲である。演奏中、彼は魂が高揚するどころか、かき乱されてしまう。妻とあの男の演奏があまりに絶妙であったからである。二人の関係を想像して、どんどん膨らむ嫉妬心がはけ口を見出せぬままに、ポズドヌイシェフの心に闇のごとく蓄積していった。

二日後、彼は旅に出たが、夜になると、二人のあらぬ振る舞いまで想像して制御できなくなり、長距離を無理して急遽、馬車と汽車で帰る。夜中の一時ごろ家に着くと、短剣を取り出し、部屋を開けると、あの男がテーブルの前に座っていた。妻の弁解も聞かず、彼は妻に短剣を突き刺して、悲劇的な結末を迎える。

信頼関係がない夫婦にあっては我慢と打算でしか保ちようがない。それをも憎悪と嫉妬の炎が燃やしつくしてしまった。

〝今にも切れそうな〟細い糸に託されたもの

ここで『今昔物語集《こんじゃくものがたりしゅう》』にある信じ合う夫婦の話を紹介しよう。

中国のある国王が三百メートルの石の塔（卒塔婆《そとば》）を石匠《せきしょう》に命じて造らせた。日本の寺院で言えば、三重塔や五重塔で、それにしてもこんな高い塔は見たことがない。この石匠は長年かかって完成させることができた巨大な塔の上に立って、「やった」という喜びと感慨にひたっていた。ところが国王はこの塔を他国がまねして造ることを恐れて、足場を一気に取り外してしまった。その石匠はひとり塔の天辺《てっぺん》に取り残されてしまったのである。

取り残された彼は国王のひどい仕打ちに憤りを覚えたが、ここは頭を冷やすしかない。妻も子供もわたしのことを必ず捜すだろう。ではどうして妻に知らせたらいいのか。声は届きそうにもない。妻は妻で、あの夫は何も知らせないで死ぬような人ではない、なにかきっと手立てを使って知らせてくるに違いない、と信じて全く疑わなかった。妻は夫のサインを捜しまくる。夫は着ている服を解いて、糸にして下ろすことを思いついた。

宙に舞っている一本の細い糸を妻はついに発見する。これこそ夫のサインだと確信した妻は、細い糸に縄を繋ぎ、次第に太い縄に替えていった。さもないと途中で途切《とぎ》れてしまうからだ。夫の知恵にみごとに呼応する妻の知恵。阿吽《あうん》の呼吸ではないか。とうとう縄が塔の天辺に届く。こうして無事、夫は頑丈な縄を伝って、ようやく下りることが出来た。

この二組の夫婦はあまりに違いすぎる。後者の夫婦は理想的な、まさに「南山に鼓を打てば、北山に舞う」のカップルだといっていい。ここでわたしはなにを言いたいのか。信頼しあった人間同士から「知恵」と「忍耐」と「察する愛」が限りなく流れ出るということである。

では信頼はどうしたら築くことができるのか。野球のキャッチボールをヒントにしてみたい。相手が取りやすいところに投げることと、スピードの加減が欠かせない。

言葉にも行為にも双方がこの二つをできるだけ心がけたら、その小さな積み重ねが信頼を育てていくのではないのか。「南山に鼓を打てば、北山に舞う」とは、こんな呼応の日常こそが土壌だと信じたい。

4 それぞれ違って、それでいい

——「柳は緑、花は紅《くれない》」のチカラ

「柳は緑、花は紅」という禅の言葉ほど人口に膾炙《かいしゃ》したものはない。北宋の詩人、蘇東坡《そとうば》の詩の一節だという。柳も、松も、竹も、バラの花も、菊の花も、桜の花も、人間もみな宇宙の「大いなるいのち」の現れであり、根源は同じだけれど、個々のものがそれぞれ個性を持ち、かけがえのない存在である。

つまり平等即差別の真理を表現した句だとされる。

人間というものは実に十人十色《といろ》、種々雑多である。

わたしは、二十四歳の春、修行道場に入った。これまでのわが人生ではあまり交わった経験のないさまざまな人間に出会った。年齢も、学歴も、経歴も、性格ももちろん違っていた。

例えば、寺の子でないのに、ある禅僧に出会い発心《ほっしん》して入門してきた者。彼は英語も話せるし、悟りを開くという堅固な志を抱いていた。また、修行道場を転々とし、三人がかりでも押し返されてしまうほどの剛の者。高卒で、負けん気が強く我武者羅《がむしゃら》に頑張っていた者もいた。哲学科で学びながら、禅の思想に出会って、その教えを確かめたくて道場に飛び込んできた者。十年を超える修行をさらに続け、この生活を楽しんでいる者。わたしのように志もはっきりせず、他の雲水に追いついていくのが精一杯の者……一人ひとり違っていた。

最初、そういう種々雑多な人間関係で苦労したけれど、あとから面白くなった。というのは、自分と違った人間から、人生の刺激と養分をより多く吸収できたからだ。

学生時代、高校は進学校であったので、クラスはだいたい同レベルの成績の連中の集まりであった。もちろん性格も能力も異なっていたが、同年齢だし大学進学という目的を共有していたから、どこか同質観があった。その点、大学もあまり変わらなかった。

だが禅の修行道場は全く違っていた。本当にいろいろな人間がいるな、と一種驚きに似た感慨があった。興味深かったのは、みな違うのだが、その違いに好意を持って引かれる人と、嫌悪感を抱いてしまう人と、二種類あったことである。

引かれるのはやはり信念を持ち、一途に禅の修行に精進している雲水であった。どうも好きになれないのは、人前では実に要領のいい雲水であった。

道場の修行は二十四時間ともに生活するわけで、自分と気の合わない雲水と共同の作務《さむ》（作業）を命じられることもあった。「一日中、こんな肌が合わない奴と一緒か」と愚痴のひとつも出そうになったが、我慢するしかなかった。

ある日、日頃から偉そうにしているので、いやな奴と思っていた先輩の雲水と二人で、山で木を切る作務を命じられた。

その作業は結構ハードであった。相手はのらくらやっている。わたしは鈍臭《どんくさ》いのに、性分として何事も早く仕上げてしまいたいという気持ちにいつも支配されていた。ところが相手はゆっくりゆっくり鋸《のこぎり》を動かしている。見ていてイラついた。

一番嫌いな人ほど、いいパートナーになる

わたしのせかせかした様を見て、「そうあわてるな。今日だけでその仕事が終わるわけではない。あわててやると雑になる」と一言。二時間くらい経つと、「おい、コーヒーでも飲みに行こう」と誘われる。道場では勝手に外出して、飲食することは禁じられている。見つかれば、樫の木の警策《けいさく》で十何回か叩かれる罰刑が待っている。飲みたいという欲と、罰刑で受ける苦痛を天秤《てんびん》にかけたとき、わたしは外の空気を吸ってみたいという気分がコーヒーに錘《おもり》をプラスした。コーヒーを飲みながら、彼と初めて話をすることができた。道場では不要な私語を交わすのは禁じられていたからだ。先輩づらして説教でもされると思ったら、意外にも悩みや愚痴を聞かされた。

そこに二つプラスがあった。自分の価値観だけで見ているだけではその人の一面しか分からないということを改めて確認できたこと。それまではいやな奴と付き合わないですんだが、道場ではそれが許されない。ヒンズー教では必ずいちばん合わない奴をパートナーにして修行させると聞いたことがある。いやな奴とぶつかるから、いら

だち、悩み苦しむが、確実に人間の洞察が深まるとされる。

相手に見出した欠点が、自分にもあることも見えてくる。人間の弱点は本能的な自己防衛から生まれてくるものだということが分かってくる。やっぱり、奴も同じ人間の生命を生きているんだと感じた。ヒンズー教の工夫をなるほどと思う。

大いなるいのちに優劣はない

「大いなるいのち」とはなにか。ドキュメンタリー映画『地球交響曲（ガイアシンフォニー）』の監督、龍村仁《たつむらじん》の講演を聞いた。壮大な宇宙観、生命観に久しぶりに全身が心地よく振動した。

地球はさまざまな物質が集まって、無限の過去に形成されてきた。この地上のあらゆる存在はそこから生まれた訳で、共通の遺伝子みたいなものが含まれているのではないのか。だから人間は花を見ても美しいと感じ、海に行けば、気分が落ち着く。木を見れば、天に向かって一筋に伸びんとしている気迫に圧倒されるのだ。龍村の話に共感を覚えた。

龍村からヒントを得て思うのは、そういう地球を生み、この地上に限りない種々雑多の存在を育てた力を「大いなるいのち」と呼んでいいのではないかということだ。「大いなるいのち」と、時間が限られたわれわれ個の存在、寿命を持つ「生命」とは区別したい。そしてその個々の生命はみな「大いなるいのち」の現れであることを忘れてはならないと思うのである。

この「大いなるいのち」は自分自身で自然に触れ合って実感するしかない。

「柳は緑、花は紅」はこうも教える。柳はちゃんと教えられなくても柳に育ち、風がいくら吹こうがしなやかで簡単には折れはしない。自らを誇らないのがいい。赤い花を咲かせる遺伝子を有したバラは目に鮮やかだし、可憐な赤い花を咲かせる。柳は柳、松は松の、バラはバラの、椿の花は椿の花の、それぞれがその特性を持っているのだ。

人間も同じで、一人ひとりが違うということには、かけがえのない厳然たる存在の価値があるし、それぞれ異なった特性を個々が有し輝かせる可能性を秘めている、とわたしは信じている。

だから優劣なんかつけられないし、つけてはいけないと思う。雑草というのも、人間の勝手な決め付けに過ぎないことになる。だからもちろんこの世に不要な雑人なんかいない。

人間も違っているのだから、自分の特性、自分らしさを大事にしなくてはいけない。自分の好みという感覚や思考は自分らしさと関わりがあるのだから、人と違うことはいいことだが、それを単純に個性的であるとし、尊重するだけでは足りないと思う。ひとりよがりな思いをよし、と押し付けてはいけないと思う。

だからまず自分らしさを見出し、育て、熟成させる努力が求められる。だって柳は柳になるし、松は松になるが、人だけは生まれたままでほうっておいたのでは、自分らしく生きることはできないからだ。

異質な人と交わる勇気をもつ

その自分らしさとは何か、その問いかけも自己に課すべきだ。まず人間は自分らしさ発見の旅に出なくてはならない、と思う。

旅とわざわざ言ったのは、すぐそれが簡単に見つかるものではないからだ。辛抱強く求めるしかない。最初から自分に合ったものだけを探しても余計見つからないものだ。むしろ合う合わないという価値観をいったん外して、目前のことにまず打ち込んでみるしかない。その意味でどのような仕事だって実に有効になるのではないか。

もうひとつ、自分らしさを磨くには、人から学ぶことである。そのためには自分の偏った値踏みで人を決め付けないこと、あの人もこの人もみんな自分とは違うということを認める勇気を持つことだ。そう認めてしまったほうが楽な付き合いができると思う。そのほうが付き合いが広がり、人から学ぶことも多くなる。

同質の人とばかり付き合っていては、自分の殻《から》からは出られない。異質な人と交わることで新しい自分に出会えるものだ。

最後に繰り返す。人はみな違う、されどみな「大いなるいのち」の現れであることを忘れないでほしい。この視点があると、何か親近感を持って触れ合うことができる。でも「違いすぎる、あれではとても一緒にやっていけない」と思えて仕方がないときが誰だってある。そんなときはどうするか。「柳は緑、花は紅」「あの人は柳、この人は花」と繰り返し唱えて、心に間《ま》をおく。そして、相手の顔を見て、余分な思いを心から掃き出してしまおうではないか。自ずと、他者の特性も見えてくる。

5　度は越さない

――「規矩《きく》は行い尽すべからず、行い尽すときは、衆《しゅう》住《とど》まり難し」のチカラ

あなたが初めて管理職になったとき、上司として部下にどのように振る舞ったらよいのだろうか、考えざるを得ないはずである。そこで中国の宋の時代、五祖《ごそ》法演《ほうえん》という禅僧が一寺の住職として入る弟子仏鑑《ぶっかん》に、「四端《したん》」（住職としての心構え、四つの本源とすべきもの）を与えている。その四句めがこの禅語である。

もし上司であるあなたが、重箱の隅をほじくるように、部下のミスや失敗をいちいち取り上げて注意する、声を荒立てていつも叱ったらどうか。

叱られたほうは自分のミスはわかって後悔しているだろうから、ガンガンやられると反抗的な気持ちになって、素直になれなくなる。その不快な気持ちは結構、後まで根を張ってしまう。五祖は、規則やミスのけじめはけじめだが、度を過ぎた手厳しい扱いは好ましくない、必ず人の心が離れていく、と戒めている。

禅道場の時代、長年、修行した大先輩の雲水がいた。若い雲水のいい加減な所作を決して見逃さなかった。「何でもいい」では修行に緊張感がなくなる。みんなぴりぴりしていた。わたしなど鈍臭く、神経を使って行動していなかったので、よく叱られたものである。

典座《てんぞ》といって食事の係をしていたとき、後片付けが終わって寮舎に帰って休んでいたら、呼び出された。飛んでいくと、お勝手の五つある鍋の蓋《ふた》の取っ手があちらこちらの方向に向いていた。それを厳しく怒られた。いつも同じ方向に向けておくように言われていたが、ついつい疲れて注意散漫になっていたのだ。

「こんなことさえできないから、ろくな料理もできない」「それに木魚《もくぎょ》の打ち方はなんだ。子供が遊んでいるようだな。情けない」……今までわたしが犯したミスを次々取り上げて、注意だか叱咤だかよくわからないくらいえんえんと続いた。「どうせ何をやっても気に入らないんだ」と、わたしは聞く気にもなれず聞き流した。

ほんとうに意地悪とさえ感じてしまうほど厳格な人であったが、ときには部屋に呼ばれて、「宗派は違うが、金子大栄《だいえい》と言う浄土真宗の碩学《せきがく》がいる。今度、休みの日にその著書を買ってきて読みなさい」とアドバイスしてくれたり、僧侶として身につけなければいけない所作をよく教えてくれた。今から思えばあの口うるさい叱責が緩和され、救いがあった。

おかげで、今、役立っているし、なつかしさも覚える。

この話をある老僧にしたら、僧はなつかしげに「わたしの師も厳しかった。大きな声で怒りだすと止まらなかった。さすがに自分も、ひどくやられると落ち込んだものだ。でも夜になると、隠寮（老師の居室）に呼び出され、老師がお茶を点《た》ててくれた。老師はなにもおっしゃらなかったけれど、いっぺんに気持ちが晴れた」と語ってくれた。

あの老雲水も、その老師も未熟な弟子を人間として尊重し、成長してくれることを心から望んでいたのだ。そういう愛情ある願いがあって初めて、部下を、後輩を叱ることに自ずとブレーキがかかるのではないのか。

人を叱るときは、自分を叱るつもりで

もうひとつ忘れてはならないことがあった。それは部下を叱るとき、自分を叱るつもりで、つまり自分を正すつもりで注意することである。部下は上司の姿をいつも見ているはずだ。上司がいい加減で、部下が素直にその注意に耳を傾けるわけがない。

そういう誓願や自戒があったとき、叱り方にも相手を思いやる感性がうまれる。扇《おう》谷《ぎ》正《や》造《しょうぞう》の『トップの条件』に、こんな叱り上手があげられていた。

ひとつはミスをした部下を呼ぶ。まずじっと若い社員の眼を見る。そこでたった一言でいい、「まさか君が」これだけでいいというのだ。なぜならミスした若者はわかっているから、厳しく怒って追い打ちをかける必要はない。君に期待していたんだ。その君がこんなミスをするとは思わなかったよ、残念だ、という温かい上司の思いが込められていたことが相手に伝わる。

もうひとつは清水次郎長《じろちょう》の話。彼は後に山岡鉄舟《てっしゅう》によって禅に出会うのだが、鉄舟

が次郎長の家に逗留していたことがあった。次郎長が子分を手足のごとく自在に使うのを見て、その秘密を聞く。次郎長は「さあ、なんでしょうか。強《し》いていいますなら、私はいつも子分どもを叱る場合、自分の部屋に呼んで一対一になったところで、まず、相手をほめて、それから叱るようにしています」と答える。

例えば森の石松を叱るときはこうだ。石松を呼んで、「石松よ、お前の性格はさっぱりしていて、たとえば竹をスパッと割ったような感じがする。清々《すがすが》しい、男らしい、いさぎよい。だがすこし馬鹿だ」という。

馬鹿だと最初に言われたら、石松も短気だから頭にくる。でも最初にいいところをほめてくれているから、馬鹿と言われても気にならない。「へえ、親分どうすりゃ利口になるんで」と聞く気にもなれる。やはり次郎長は並みの男ではない。

鉄舟はその次郎長を使って維新後、さまざまな社会事業に当たらせていった。

こう見てくると、「規矩は行い尽すべからず、行い尽すときは、衆住り難し」は部下を使うとき、その成長を祈る願いが込められた言葉であることがわかる。

6 口を挟まず、耳を傾ける

——「勢《いきおい》を使い尽すべからず、勢尽すときは、すなわち定めて欺侮《ぎぶ》に遭《あ》う」のチカラ

五祖の「四端《したん》」の二句めである。

力のあるもの、地位が高いものが調子にのって無闇に力を振り回したり、無理やりに押しつける。自分はいい気分だが、やられたほうははなはだ迷惑だし、不快だ。そのうち必ず仕返ししてやるという気持ちを抱かせる。それにそのときは屈したように見えても、内心は決して認めたわけではないから、後で欺かれたり、侮られたりして痛い目にあわせられることだってあるものだ、と五祖は示した。

いくら権威があっても、能力がずば抜けていても、それを武器に力で制しようとしては組織も人も動かない。

わたしは小さな文化ホールの館長として、十二人のスタッフと仕事をしている。彼らは二十代から三十代前半の若者ばかりである。わたしの娘たちと同世代だから、趣味も価値観も違う。だから上司として自分は何をすべきか、とくに厳しく臨むか、優しく接するか、いつも悩む。

だから五祖の「四端」は咀嚼《そしやく》すればするほど味が出ると思う。

頭ごなしに否定しない

十二年間、ホール（サールナートホール）を経営してきて、人事では失敗を重ねてきたが、この「勢を使い尽すべからず」を通して学んだ対処法を今、心がけている。
①彼らは若いから、わたしから見たらもの足りない面も欠点もある。だから、時々ミスを犯す。なぜそういう状況になったか、考えさせる時間を大切にする。叱っ

てもそれを次の日以降引きずらないように努める。「日日に新たに」（『大学』）の気持ちを忘れないこと。

②会えば、必ず声をかける。挨拶は無論のこと。顔やしぐさを見て、「どう、このごろ身体の調子は」と尋ねることにしている。

③個々の長所や才能に敬意を払うように心がけている。幸い、今のスタッフは個々に才能を持っている若者が集まっている。わたしの仕事は、彼らにどれだけ才能を活かせる場を提供できるかである。

④彼らとともに企画を考え、仕事の企画を任せて、仕事の達成感をできるだけ味わうようにすること。そのため励ますこと。

⑤明るさとユーモアを大切にする。

本山に勤めていたとき、上司の聞く態度から学習させてもらった。わたしが意見を言ったり、企画を上程《じょうてい》すると、「なるほど」「そうか」と聞く。そして、わたしの考えに疑問があったり、相異したときは「そうかな」ということばが返ってきて、絶対に頭ごなしに否定しなかった。恐らく上司がもうすでに知っていることを、わたしが話しても「それはもう自分も知っているし、考えている」とは言わなかった。ある方が、「知って聞くは礼儀なり」と言われたが、わたしは「知って聞くは人間の尊重である」と言いたい。

人間の尊重は自我を空《くう》じたところから生まれる。そのとき、素直に相手の話を聞くことができる。聴くという字は「耳」と「直心《じきしん》」で構成されている。聞くを聴くにレベルアップすることが上司の精進《しょうじん》であることがわかった。

わたしはあの上司と異なって、スタッフにいつも先走って自分の考えを強調し、彼らの考えを聞く力は極めて低レベルであったことがわかった。上司として力量が未熟だとつくづく思い知った。

それにしても自分の未熟さ、不完全さを一応は認めることはできても、それを本当に自覚して、常に謙虚にふるまうことはなんとむずかしいことか、と思う。聞くということは自分の修行と心得ていくしかない。

自己への厳格さが他者への押しつけの制御となり、愛情を生む。ここに五祖の祈りがあったとみたい。

7 一瞬で心の渇きを潤す言葉

——「愛語」のチカラ

この「愛語」という禅語は道元《どうげん》禅師の『正法眼蔵《しょうぼうげんぞう》』の「菩提薩埵四摂法《ぼだいさつたししょうぼう》」に出てくる。

「衆生《しゅじょう》をみるにまず慈愛の心をおこし、顧愛《こあい》の言語《ごんご》をほどこすなり」(愛語というのは触れ合う人に深い思いやりの心を持って、相手の気持ちを察して、優しい言葉をかけるのである)

「慈念衆生、猶如赤子《ゆうにょしゃくし》のおもいをたくわえて言語するは愛語なり」(——『法華経』提婆達多品《だいばだったほん》のことば——『衆生を慈念すること、なお赤子のごとし』という

……思いをいつもしっかり心に蓄えて語ることが愛語である）

毎年、一月三日に始まる箱根駅伝はいつも興味深く見る。あの急勾配な箱根の九十《つづ》九《ら》折《おり》の坂道を若者が寒苦のなか懸命に競い合いながら登る様は、こちらの気持ちをとっても清涼にしてくれる。

どんどんごぼう抜きに追い越していく選手もすごい。いくら限界まで練習に励んでも、いざ当日になり体調が悪いと、どんどん抜かれる。心理的に重いものを背負い、ふらふらになりながらゴールまでやっとたどり着く選手もいる。途中で、走れなくなり、悔し涙を流しリタイアする選手もいる。みんなみんな応援したくなる。

今回、ふと気づいたことがある。あのゴールに着いた選手にタオルを身体に巻いてあげる学生がいることだ。彼らはおそらくレギュラーに選ばれなかった選手たちではないのか。そう思うと、なかでも四年生になって最後の箱根駅伝に出られないことがわかっていながら、無駄と知っても走ってきた選手たちにちがいない。クラブをやめず、彼らは当日、正選手のために下座《げざ》行《ぎょう》に徹しているのだ。彼らだって、高校時代には優れた選手だったはずだ。己のプライドと彼らはどう対峙したのか。彼らを団員として最後まで踏み止《とど》まらせたものはなんであったのか。いったい、指導する監督はどのように教育しているのか……次々と疑問がわいてきた。

亜細亜《アジア》大学の陸上部監督に岡田正裕という人がいた。二〇〇六年にチームを初優勝に導いた人である。この監督のチームには他校と違って高校の有力選手がほとんどいない。だから、普通の選手を育てるのである。

岡田氏が監督に就任したのは五十三歳のときだ。誤解もあって選手たちは彼を受け入れず、反発さえしたという。そこで彼はグラウンド近くの空き家同然の建物を合宿所にする。食事も風呂も一緒にし、ともかく声をかけることにした。

岡田監督はランナーとしての部分だけではなく、喜びも悲しみもいっぱい抱きかかえている一人の人間、つまり傷つきやすい心を持った、自分と同じ人間として接するように努めた。いつも彼らの気持ちを察して、言葉を吐き、触れ合ったのである。

だから「こうしたらいい」と語るとき、一方的にやれと押しつけなかった。自分の考えはこの子に本当に伝わっているのか、理解してくれているのか、本気になってやる気が起こっているのか、と考え抜いた。いつもそのときその場で、相手の心を察して言葉を選び選び語った。

その察する力とはなにか。観音菩薩《かんのんぼさつ》は、音を観る菩薩であるという。音は眼には見えない。相手の言動にとらわれず、その奥にある苦悩や迷いを感じ取る力を発揮してやるのが観音さんなのだ。岡田監督は選手にとって観音さんであったに違いない。

人生のあるべき姿を教える

岡田監督自身は箱根駅伝の選手として二度出場している。その感動を語り、その舞台に立つ夢を抱かせ、練習に向かう心構えを語ったのであろう。だが岡田監督の指導は陸上にとどまらなかったようだ。彼はこう語っている。

「それに裸の付き合いですから、いろいろな話ができました。夏に帰ったら親父さんの背中を流してやれよとか、出世しろよとか、陰で支えてくれた人に『ありがとう』と言える人間になれよとか。人生のあるべき姿というんでしょうか、私のそういう思いを、選手たちに植えつけてきたのかもしれません」

彼は、支え合うことの大切さ、感謝を忘れない生き方、人のそしりを受けてもいつも胸を張って生きる生き方……そんな生きる心の根っこになるものを一人ひとりに育てる人生の教師、師父であったにちがいない。

まさに岡田監督の言葉は道元のいう「愛語」で満ち満ちているではないか。彼は大学を卒業すると九州に帰り、醤油や味噌を製造販売する会社に勤めた。ランナーとして活躍しながら、裏方として、醤油の入っている段ボール箱を担いでデパートの裏階段を昇り降りする日々を黙々と過ごした。「あれ、この前の大会で優勝した岡田があんなことをやっている」という陰口を耳にしたこともあった。実業団に所属する選手は練習に専念できるのに、自分はこんな苦労をしなくてはいけないのか、と思ったこともあったという。このとき身についた忍耐が岡田監督を「愛語」の人に育てたのにちがいない。（『ウェッジ』二〇〇七年　三月号より）

身近にいる人に「潤い」を与えているか

現代ほど、潤いのない言葉がはびこっている時代はないのではなかろうか。豊かさの中で人のことなんかかまっていられない時代に変質してしまったのであろうか。ほんとうに愛語に飢えている時代なのだ。だって、人はお互いみな傷つきやすい魂を持っている。それを忘れては人間関係は成り立たない。愛語を求めるまえに、触れ合う人に愛語を自ら施す努力を惜しんではならないと思う。もちろん愛語は優しい言葉だけではない。ときには厳しい言葉も愛語になる。優しさだけで厳しさがないと、なにか煮えきらない甘えが生まれてくるからだ。それでは人は育たない。

最後にもう一句、道元の愛語の至言を書いておく。

愛語よく廻転《かいてん》のちからあることを学すべきなり

（直接、愛語を耳にするのもいいが、「あいつのこういうところがとてもいい」と上司が言っていたことを人から伝えられたとき、喜びは大きく、生きる力がみなぎってくるというのである）

8 一生一度の出会い――今、ここでどう触れあうか

――「一期《いちご》一会《いちえ》」のチカラ

茶人、千利休《せんのりきゅう》の高弟、山上宗二《やまのうえそうじ》の著書『山上宗二記』に出てくる言葉である。

しかし、よく知られるようになったのは、実はあの井伊直弼《なおすけ》が『茶湯一会集《ちゃのゆいちえしゅう》』でこの言葉を使ってからだ。

「抑《そもそも》、茶の湯の交会《こうかい》は、一期一会といいて、たとえば、幾度おなじ主客交会するとも、今日の会《え》にふたたびかえらざる事を思えば、実に我が一世一度の会也」

わたしたちは、人と出会うとき、仕事であれ、遊びであれ、これが最後の出会いと思って、心して、語り、触れ合っているだろうか。

だいたい、忙しいとか、ほかに用事があるとか、また会えると思って、その出会いを〝ゾンザイ〟にしていないだろうか。

〝ゾンザイ〟は実は存在とも書く。

つまり人との出会いをなんとなく、あるいは自分の都合でいい加減に会っているのなら、相手の存在、人格を軽んじている。さらに言えば人という存在は限られた生命を生きているのだから、相手の生命さえ軽視していることにほかならない。

人と丁寧に付き合える人、出会いを粗末にする人

父が亡くなって六年になる。親不孝な息子であったとつくづく思う。

晩年、父は足が萎《な》えないように、一周六十メートルくらいある客殿（お寺の客間）の廊下を歩いて回っていた。その途中にわたしの書斎があった。わたしが仕事をしていると、父が扉をときどきノックする。「おい、いるか」「はい」「時間があるか」「ち

ょっと忙しいんだ」「そうか」と言って父は去っていった。すっかり衰えた九十歳近い小さくなった後ろ姿がさびしく見えたことは忘れられない。

忙しいというのは口実で、五分や十分くらいは時間があった。もちろん父との時間を作っても、とりとめのない話しかしなかっただろう。まだ時間はある、また会う機会もあるさという根拠のない期待と甘えに無常を忘れて、わたしは父との取り返すことのできない出会いを断った。

今までの父から受けた物心両面の恩恵を考えたとき、わたしの仕打ちはあまりに冷酷であった。今、深い後悔と一期一会の重みが胸に消しがたい痛みとなって刻印されている。

身近な家族には人は一期一会という覚悟が欠落しがちであることを思い知った。亡き人のこの世の不在という事実は、癒しがたい痛みを味わってはじめて分かるのだと思う。

最近、ある人にこんな質問を受けた。「あなたは館長として、サールナートのスタッフとどういう気持ちで触れ合っているのか」。前にも書いたが、わたしはサールナートという小さな文化ホールの館長をしている。正社員二人、アルバイト十人のスタッフで運営している。ほとんど二十代の若者ばかりである。

彼らの顔を目に浮かべながら、「せっかく、うちに来てくれたのだから、それぞれが仕事に意味を見つけて働く環境になるように努力したい」と答えた。

彼は「そんなことは館長として当たり前じゃないか。彼らは何年いるか知らないが、それぞれが少なくとも一回切りの人生で、今この職場にいる。かけがえのない時間をあなたに預けているのじゃないか。その責任を背負っているんだよ。一期一会の生命の出会いが職場なんだ」と語った。

今、ここで彼らと仕事がともにできることがすばらしいことなんだと、感じ取ることができる能力も一期一会の自覚であることをわたしは教えられた。

こんな体験をしながら、ようやく一期一会の言葉の深淵《しんえん》が少しずつ見えてきたようだ。一期一会は、これが最後の別れと、その場を惜しむという意味だけではあるまい。一期一会とは、自分が今、ここでどう生きているかを問うている人間のテストではないだろうか。

2章

疲れたときの「禅」

――「一息つきたい」と感じたときの【禅・8話】

1 〝遊び心〟で、毎日を過ごしてみると

――「遊戯《ゆげ》三昧《ざんまい》」のチカラ

「遊戯三昧」という禅語は『無門関』の第一則に出てくる。我を忘れて、無心に遊んでみないか。仕事も、趣味も、生活でなすことも、さらには人生の運不運もすべて遊び心で生きることがすばらしい、と思い切って解釈してみた。

まずここで仕事と遊びはどう異なるのか、確認しておこう。

仕事は成果をあげなくてはならない。「何かのため」という意味づけが不可欠だ。「生活のために働かなくては」「この仕事で成果を挙げなくては自分の立場がなくな

る」「いい評価を得たい」……仕事にまじめな人ほどこうしたさまざまな思いが知らず知らず心にプレッシャーとなり、自分を追い込み緊張させていく。仕事が終われば、上司の評価が気になる。休む暇なく、次の仕事に向かわざるを得なくなる。

ところが遊びは何かのためにという目的がない。その成功とか失敗なんか関係がない。成果など計算したら、それは遊びではない。人の評価も気にする必要がない。ただやることが面白い、楽しいからやるのである。子供のころ夢中で独楽《こま》を回したり、凧《たこ》揚《あ》げしたことを思い出す。われを忘れているから、緊張させる思いから解放してくれる。

第二次大戦でイギリスをナチから救ったチャーチル首相は、激務の中、家に帰ると暇を作っては庭にひたすらレンガをひとつひとつ積み重ねて塀を造ることに興じた。次の日、庭師がすべて取りこわしてしまうのに。

わたしの友人は料理が大好きで、仕事の合間に、ゆっくり作ることを楽しんだ。全く仕事と無関係なことに遊んで、大いに気分転換をはかったのだと思う。遊び心もストレスの掃除機だといっていい。

ところがわたしは、子供のころ夢中になった熱帯魚や切手集めといった遊びをいっのまにかどこかに置き忘れてしまったようだ。今は水彩画にひかれている。旅に出ると、風景をスケッチして、夜、ホテルで色付けするとき無上《むじょう》の喜びを見出す。ところが日常の遊びがない。後述するが、今は別のところで遊びをしているからだ。

さて懸命に働いて、余暇に遊んで気分転換をはかることはそれなりの価値がある。だがあくまで仕事と遊びが対極にあるわけで、それでは禅の「遊戯三昧」の境地ではないのである。山田無文《むもん》老師は真の「遊戯三昧」の境地をこう教えている。「働くことがそのまま遊びなんです。人のためにすることがそのまま遊びなんです。苦しい目に逢うこともまたそのまま遊びなんです」と。

〝遊び心〟を味わう瞬間

わたしは人から見たら、仕事人間で遊びを好まないと思われているらしい。確かに寺の住職、サールナートという文化小ホールの館長、ある学園の法人事務局長をしていて、講演や執筆もしている。あまり休息も取れないから、そう見えるのかもしれない。趣味といってもゴルフをやるわけではないし、読書も資料としてだから趣味とは言えない。しかし、インドの仏跡やシルクロードを辿《たど》る旅も好きだし、気の合った人と語り合うのも楽しい。家族と食事をすることもとても英気を養ってくれる。でも、もっとも遊び心を味わえるのは、原稿を書くことである。

原稿を依頼されて、ひとつのテーマを頂く。そこから書庫に時間が許す限り閉じこもって、頭に浮かぶテーマに関連した資料となる本を捜し求める。そして前もって空けておいた書斎の本箱にまず三十冊くらいを運び入れる。だいたいアンダーラインを引いてある本が多いから、それを捜しながら読む。未読《みどく》の本も開く。

あるとき、これだという内容や言句が見つかる。それをわたしは宝材《ほうざい》と呼ぶ。そんなときはワクワクする。図書館にも出かけて本を捜す。

編集の方とも意見交換し、その人の観点から情報や資料をもらう。全く異なったテーマの視点がつかめる。わたしの固定的な把握が解体されることだってある。それも実に面白い。

こうしているうちに、そのテーマにかかわるものと、そうでないものが頭の中で篩《ふるい》にかけられて、不要なものはおちていく。そして自分の頭の中で、章立てができてくる。その章立てによって、書き始める。それからが実は苦労の連続である。なにしろ鈍才と遅筆《ちひつ》が共存しているから、それを嘆くことしきりだ。

それにしても書いているうちに、どこで自分独自の見方を出せるか、ほんとうに苦労する。でも、ものごとの見方を五通りくらい考える工夫をするしかない。一つ二つはすぐに出てくる。その後が続かない。風呂に入ったり、散歩に出たり、クラシック音楽を聞きながら、気分転換し、頭に浮かぶのを待つ。これも楽しい。

ようやく頭に閃《ひらめ》いたとき、新しい自分に出会ったような、新しい自分を開発したような気分でうれしい。

こうして四苦八苦してなんとか脱稿できたときは、なんともいえない安堵と満足感が心に充満する。必ず一人で静かに芋焼酎をお湯割りで頂く。この無上なる喜びは妻にも絶対分けてあげる気はない。

辛い中にも遊び心は働く

ほんとうにわたしは、書くときは余分なものは捨てて、遊び心で書いているからだ。

だから、いやにならない。一冊書くのに三ヵ月から半年かかるから、正直いってその間、生活上楽しいこともあれば、辛いことも起こる。でも、辛くとも書くことによって、今まで苦境を乗り越えてきた。向かうものがなければ、もっと心が乱れたことだろう。そんな状況の中でも書くことで、知らず知らず遊び心が働いて耐えられたのかもしれない。

振り返れば四十歳から原稿を書き始めて、書くことを楽しむことによって、今日まで生きる活力を享受することができたのではないかと思う。

わたしの体験から言っても、遊び心は決して仕事と別ではない。人生と別ではない。仕事を、人生を実に豊かに支えてくれる。

だから、なにごとにあっても自分がイキイキしているときは、いつも遊び心が働いていると思う。そんなとき、仕事や人生の迷いや苦悩も見事に心から掃除されている。遊戯三昧も禅の柔軟な掃除機なのである。

2 幸福は独り占めしない

――「福を受け尽すべからず、すなわち必ず禍殃《かおう》をいたす」のチカラ

先述した五祖（法演禅師）が弟子に与えた言葉、「四端」の最初の言句である。わたしたちは皆幸福になりたいと思って、努力する。求めていた幸福が手に入ると、ついつい自分だけの力で幸福になったと思い上がったり、その幸福を独り占めしてしまうようなところもある。そんな生き方や考え方をしていたら、必ず不幸や災いを招くという意味だ。

たとえば自分が出世して、現在の地位を得て、権限も多く委ねられる。給料も増え

る。もちろん自分の努力の賜物であるが、それだけで昇進したわけではない。先輩の上司の指導、任された仕事の実績も同僚たちの協力があってのことだし、かかわりのある業者の支援も、家族の理解と支えも……数え切れないくらいの人々のおかげがあって、自分の人柄や才能や努力が評価された結果、出世という幸福が得られたのである。

知人の企業で、仕事では実に有能で努力家であったが、「ありがとう」という言葉をほとんど口にしない男がいた。中間管理職になった彼は次第に横柄《おうへい》な振る舞いが目につくようになった。企画を勝手に立てて進めたり、仕事の判断は客観性を欠いたり、人に嫌悪の念を抱かせることが多くなり、その職場で浮いてしまい、上司の信頼も失う。結局、退職するしかなくなった。彼は幸福を追求した結果、不幸になったことになる。人生は道を誤ると、強烈なしっぺ返しをされるものなのだ。

自分の〝資本〟とは何か

ところで五祖はこの「福を受け尽すべからず」という言句にもうひとつ意味を込め

ているのではないかと思う。すなわちわたしたちが今、すでに恵まれている幸福に眼がいっているであろうか。たとえば、他人と比較して自分に欠けたものばかり数えて、自分を不幸にしていないか。ほんとうは福をすでに受けているのに、その自覚がないのではないか、と忠告しているのである。

布教師の研修会で、その当時妙心寺派管長であった春見文勝老師の若き日の話が興味深かった。

「わたしの家は農業を営んでいたが、とても貧しかったのです。地元の中学校に行かせてもらえるというので、お寺の小僧になりました。ところが住職はわたしを京都の花園中学校に行かせるつもりでいたようでした。地元の中学校と考えていたわたしはそれを知って、寺を飛び出してしまいました。

家に帰ると、父はなにも怒らず、『服をまくって、まず右手を出しなさい。次に左手を出しなさい。そして右足を出しなさい。最後に左足を出しなさい』と言う。言われた通りにそうしますと、父は『その四本だけがおまえの唯一の資本だぞ。それを忘れるな』と話しました。

父はその頃、母に先立たれたさびしさもあり、お寺の法話会にいつも出席していたようです。そのとき『四本の話』を布教師さんから聞いたのに違いありません。この話がどれだけ辛いとき、さびしいとき、わたしを支えてくれたかわかりません。この教えを自分にいつも言い聞かせて歯をくいしばってきました。おかげで今日のわたしがあります」

語られた老師は心なしか目がうるんで見えた。

今、自分に恵まれているものに感謝し、活かしきるパワーこそ幸福の源泉なのだと思う。逆に言えば自分の頂いた持ち分を活かしきれず、無駄にしている人は幸福になる縁を断ち切って、自らに禍殃（わざわい）を招くことになるというのだ。感謝を忘れた人の心は貧しいものだ。

幸福の縁を断截《だんせつ》することで、わたしにとって忘れがたい父の教訓がある。

わたしが小学校六年のころ、父から五十円もらって文房具を買いにいったが、うっかり落としてしまった。家に帰って、「落としたから五十円をくれ」と言うと、父は烈火のごとく怒り、「お金を得る苦労を知らないからそんなことを言う。さっさと探して来い」と突き出された。

仕方なく二時間くらい探したが見つからず、家に帰ると父に「書斎に行って正座して待ちなさい」と命じられた。正面に座った父がジーッとわたしの眼を見て、「これから言うことは今のお前には理解できないかもしれない。だがよく聞いておけ。お前の人生にとって大事なことだ」と語りだした。「人間はそれぞれ幸福の持ち分が決まっている。若いとき、あまり物を粗末にしたり贅沢すると、年を取ったとき、必ず不幸になる。このことは決して忘れるな」と。正直言って、その意味が分からなかった。

ただ、そのとき大好きだったカルピスがいっぱい入っているコップが頭に浮かんだ。早く飲んだらなくなってしまう。そして、自分にとってなにかすごい損失を与えた恐れが消しがたく強く起こってきた。

幸福の持ち分は決まっている

後で知ったことであるが、父が自分の両親のことを兄弟と編集した『思い出の記』という小冊子があり、それを読んでいたら、父が十五歳で小僧となり、古川大航老師のもと、京都で修行を始めたころのことが書かれていた。

そのころ父は師とともに、京都の本山にいた。老師から初めて休みをもらって、菅原道真が祀られた北野天満宮に行く。毎月一回開かれる市があって、父は久しぶりにのんびりして大いに楽しみ、ついつい時間の経つのを忘れてしまう。午後四時には帰院しなくてはいけなかったが、すでに過ぎていた。あわてて電車に乗って帰り、老師の食事を作る。老師が食事されるとき、父は側に座していた。老師が北野天満宮はどうであったかと聞かれる。父は正直に「楽しゅうございました。でも夢中になって時間を忘れてしまい、電車で帰って参りました」と言ってしまった。

それまで穏やかであった老師の顔がにわかに厳しくなって、「その電車賃はどうした」と尋《たず》ねられた。「それは困ったときに使いなさいと母から頂いたものです」と答える。「おまえはそんないい加減な気持ちで大切なお金を使うのか。そのお金はおまえの寺から農地を借りている小作人さんが汗水たらして作った米をお寺に納めてもらい、それを換金したもののはずだ。そんなお金を無駄使いするとは何事だ」と叱責され、「仏さまの前で百回五体投地《ごたいとうち》（頭と両ひじと両ひざを床につけて礼拝すること）をせよ。その後、金剛経《こんごうきょう》（初めて読むと一時間ぐらいかかる）を読め」と命じられた。

それから、一時間延々お説教であったという。

こんな懇切ていねいな師が現在いるだろうか。思うに父が不始末したわたしを叱ったとき、父の小僧時代の忘れがたい思い出が頭に浮かんだことは想像にかたくない。後に道元禅師の『正法眼蔵随聞記《ずいもんき》』を読んで、「人々皆食分《にんにんみなじきぶん》あり、命分《みようぶん》あり」という言句に出会った。この生涯の食事の量も寿命も、人間が努力して得られるものもあるが、一人ひとりの一生に与えられている食べる分と寿命は自ずと決まっているという意味である。やはり幸福の持ち分も自分の努力を超えたところで、与えられている分は一人ひとり生前から決められていると、わたしは思う。

その持ち分の多少に文句を言っても始まらないわけで、頂いた持ち分をやはり感謝し、大切にすることが幸福の縁を育てることになると思うのである。

父の言葉はわたしにとってよほど強烈なインパクトがあったようだ。いまだに物を買うとき、「これを買いたいけれど、買うと自分の幸福の持ち分が減るのではないか」と必ずブレーキがかかる。今にして思えば、父は四端《したん》の真実をわたしに教えてくれていたのである。

3 にっこり笑って、おおらかに生きる

――「随処《ずいしょ》に主と作《な》れば、立処《りっしょ》皆な真《しん》なり」のチカラ

人生という舞台では、順境逆境が次々訪れるものだ。

職場という舞台でも、出世街道を上るときもあれば、不遇な時代を余儀なくされることもあるにちがいない。やり甲斐のある仕事が与えられるときもあれば、意に染まない仕事をやらざるを得ないときもある。そんなとき、「自分だけ貧乏くじを引いたな」という思いは否定できないものである。また個人でいえば、体調のバイオリズムで気力がアップしたり、ダウンしたりすることは誰にでもある。

だから、よりよく生きたかったら、その時、その場でおかれた状況をわたしした

ちはどう受け止め、どう行動するか。心の姿勢が求められるはずだ。

とかく自分がおかれている状況にのぼせたり、嫌悪の感情に縛られたり、翻弄されるのがわたしたちだけれど、自分を見失っては、仕事の、人生の主人公になれるはずがない。


ではどうしたらその場その場で、主体的に生きられるのか、主体的に仕事に向かうことができるのか。禅が提供するのは「随処に主と作れば、立処皆な真なり」と『臨《りん》済録《ざいろく》』の示衆《じしゅ》に出てくる言葉である。

いかなる状況におかれても、何をするにしても、それらに振り回されず主人公になることができれば、もっとも即応できる働きができるし、生命を活かしきる真実の道にはずれないという意味である。ポイントは「主と作れば」という語句。すなわち真の主人公とは、主体的に生きるとはどう生きたらよいのか、ということである。そこで沢庵《たくあん》禅師の逸話を紹介しよう。

雨の降る日、沢庵と柳生但馬守《やぎゅうたじまのかみ》（宗矩《むねのり》）が対談していた。但馬守は将軍徳川秀忠、家光の剣術師範となった人物である。いつしか極意の話になってきた。たまたま雨が降っていたので、沢庵は「雨中に立っていて、雨にぬれない極意をあなたは心得ているか」と問う。「無論、心得ている」と但馬守が答えると、即座に「ではやってみせてくれ」と迫った。

但馬守は庭に飛び降りて、剣を抜いて縦横に雨を斬りまくり、座に戻った。袖にはいささか雨がかかっていた。「ぬれているぞ。拙僧の極意はぬれない」と沢庵。「しからばやってみせてくれ」と今度は但馬守が迫る。

沢庵は庭に出た。そのとき、雨は篠衝《しのつ》くばかりに降り増さっていた。庭で、沢庵は悠々と足を組んで、坐禅三昧《ざぜんざんまい》となった。全身ぬれねずみとなり、眉の先から、ぽとぽととしずくが落ちた。再び座に帰った沢庵は「どうじゃ、これが雨にぬれぬ極意じゃ」と可々大笑《かかたいしょう》した。

この「無心」の境地こそ……

沢庵の行為と但馬守のそれとどう異なるのか。但馬守の場合、雨は自分に対立するわが敵であり、それをねじ伏せんと真っ向《まこう》から斬り込んでいる。沢庵は雨に直入《じきにゅう》し、自己を忘れ、雨をも忘れている。

雨を、苦労があってもメリットがない仕事に当てはめてみよう。

但馬守は「こんな仕事か」と自分の価値判断を働かせ、「さっさとやってしまえ」とばかり一気に向かっていく。しかし意外に難物でなかなかはかどらない。いっそう、我武者羅《がむしゃら》にやる。疲労は募るばかり。

一方、沢庵は与えられた仕事の値踏みはしないで、仕事にこつこつと打ち込んでいく。いつしか我を忘れ、仕事をも忘れて無心にやっているうちに、仕事は終わってしまう。

つまり「主と作《な》れば」の「主」とは但馬守のように、自我的な自己ではない。自分を忘れたとき、自ずと働き出すほんとうの自己のことである。

わたしは、ある学園の法人の仕事をしている。五年前、所属する高校の経営を改善するために組合と団交する役を命じられた。まさか僧侶で、六十近くなって管理職として組合と団交するとは思いもよらなかった。

正直言って、五十人近い先生から様々な厳しい批判を受けて、初回の団交で身も心も疲れきり、もうこりごりだと思った。でも立場上逃げるわけにはいかなかった。逃げられないのなら、もう腹をすえるしかないと心に決めるしかなかった。

その時々、置かれた状況を楽しむ

人間、追い込まれると、普段ない智恵が出てくると思っていた。

同じ『臨済録』にある、「地獄のような苦しみにあっても花園にいるように楽しめ」という意味の言句を思い出した。

最初、大悟《たいご》した特別の人の境地と思ったが、それでは『臨済録』はわたしたち凡人にはレベルが高すぎるので、この言葉に違和感《いわかん》を覚えていた。しかし、思い直して自分のレベルでこの言葉を味わえないか、と反芻《はんすう》した。

せっかくこれから団交が続くなら、何か学ぶことが必ずあるはずだし、いやいややったらストレスが溜まるばかりだ。

そこで気づいたのは、人間研究である。先生方の言動から、それぞれの考え方や人柄までを想像してみることを思いつく。どんな心境で発言するのか、それを楽しんでやろうと開き直ることにしたのである。それからの団交はずいぶん楽になった。

結局、「随処に主と作れば、立処皆な真なり」とは、こんな仕事はつまらない、いやだ、損だ、とかいう最初に起こる自分の感情に翻弄されるような自我的な生き方とは百八十度次元が違うのだ。今日では、主体的な生き方をよしとするが、「随処に主と作れば、立処皆な真なり」、自分が置かれた状況に文句を言わず、粛々《しゅくしゅく》と従いながら、そこに意味を見出し活かしていくことも、主体的な生き方だといっていい。いささか分別くさいけれど、〝随処に従《じゅう》となる〟のも悪くない。

ともかく、好きなように主張し生きる、そんな自らをケチるような人生観ではないのである。どんな立場におかれても、にっこり笑って腹をすえて、大らかに生きたいものである。

4 〝感情〟に振りまわされない

――「青山元《もと》動ぜず、浮雲の去来《こらい》するに任す」のチカラ

唐の時代に、霊雲志勤《れいうんしごん》という禅僧がいた。この人は桃の花が咲いているのを見て、悟りを開いたことで知られる。

この人にある僧が「如何《いかん》が生老病死《しょうろうびょうし》を出離《しゅつり》することを得ん」（『五燈会元』）と尋ねた。すなわち生まれることによる苦しみ・老いることの苦しみ・病気になることの苦しみ・死ぬことの苦しみ、という人生の四苦をどうしたら脱却できるのか。今、あなたが受けている苦悩から離れることができるのか、という意味である。ここでは、自分を毒する悪感情の泥沼からどう抜け出せるのか、という問い

でもある。

その問いに霊雲禅師は「青山元動ぜず、浮雲の去来するに任す」と応じている。禅は日常の風景を詠って、本来の心の姿や働きを表す。だから霊雲は景色のことを語っているのではない。

江戸城無血開城の影の立役者、山岡鉄舟は「晴れてよし曇りてもよし富士の山元の姿は変らざりけり」と詠《うた》っている。晴れても、曇っても、雨に降られても、雪をかぶってもそれぞれ風情がある。しかも富士山の不動の姿は変わらない。その富士山の不動の姿こそ真実の自己そのものだというのである。


坐禅会に参加した四十代後半の男性が、わたしに聞いてほしいことがあるといって残っていた。彼は会社の悩みを語り始めた。

上司から突然、命じられていた主流の仕事から日のあたらない仕事やポストにまわされたり、同僚から思わぬ仕打ちを受けることもあるし、自分と大して能力に差がないと思った人が自分より早く昇進したりして、あまり深刻に考えまいと思っても、不満、嫉妬、怒り、劣等感、恨み、ねたみ……といった悪感情がどんどん起こってきて自分をコントロールできなくなっているというのだ。

彼は続ける。その悪感情に捉われてしまうと、自信が喪失して、働く意欲もなくなり、上司や同僚の言動がいちいち気になり始める。「上司は自分を避けようとしている」「あいつは自分を無能と思っているのではないか」「あいつが自分の悪口をいっているのか」「悪いのは向こうだ。あいつが謝らなければ許さない」

心に疑念と葛藤が生まれ、白黒をつけないと気がすまなくなる。周囲に対して不満と不安が膨らみ、次第にかたくなで、意固地な人間になっていくことが自分でも分かる。それに困ったことに、悪感情に支配されていくと、どうしても人に自分の愚痴や悪口を言わないと我慢できなくなる。信頼できると思った同僚に自分の不満や人の批判を言うと、多少は一時、鬱憤が晴れたような気がするが、同時に相手の心が変化することがわかる。だって人の愚痴や悪口なんか誰だって聞きたくないものだ。味方になったほうが得か、天秤にかけるだろう。相手の気持ちが引いてしまい、なにか冷ややかな態度になった感じがして、言ったことを後悔することにもなる。結局、悪循環の鎖で自分を縛り付けているのかもしれない。自分ではわかっているけれど、どうにもならない。職場がつらいし、そういう自分が好きになれないと話す。

おそらくこれまで彼は、酒を飲んで憂さを忘れたり、時間の経過が彼の悪感情を緩《かん》和《わ》してくれてきたりしたのだろうが、もはや自分を誤魔化すことは無理になってきていたのだ。

わたしだってやはり悪感情がしばしば起きる。「世の中、すべて自分の思い通りにいくわけがない」「自分は徳がないから、人から悪く言われてもしかたない」と、自分への悪感情を上手に処理できればいいのだが、結構、根《ね》に持つほうだ。自分の性格はそうそう変えられないから、悪感情を心から掃除する方法を禅で身につけたいと思って試みてきたつもりだ。

富士山のようにどっしり構える

人生においてもなにごとも順調で気持ちが晴れ晴れとするときもあれば、思うようにいかず悪感情という煩悩の雲が起こり振り回されることも多い。雨風の如く思わぬ不都合に叩かれて落ち込むこともある。人生不定《ふじょう》なのだ。だから悪感情の雲は生きている限り絶えることはない。だからなにかの縁に触れて起きたら起きたでいいではないか。来たら来たで来るに任せればいい。去るなら去るに任せればいい。そういう心境になるには富士山のように、どっしりとした不動の本心を悟らなければならない。

釈尊は「おのれこそ　おのれのよるべ　おのれを措《お》きて　誰によるべぞ　よくととのえし　おのれにこそ　まことえがたき　よるべぞを獲《え》ん」（『法句経』）と教える。坐禅をして自己を調えることである。明《みん》の時代、儒者であり、禅も修めた洪自誠《こうじせい》は坐禅の体験をこう語っている。

「夜深く人静まれるとき、独り坐して心《しん》（自分の本心）を観ずれば、始めて妄窮《もうきわ》まりて（煩悩の雲が働かなくなって）、真《しん》（本来の自己）独《ひと》り露《あらわ》るるを覚ゆ。毎《つね》に此の中《うち》に於《おい》て、大機趣を得《う》（自在に働く心の動きを得ることができる）。既《すで》に真現れて妄の逃れ難きを覚ゆれば、又此の中に於て、大慚忸《ざんじく》を得（懺悔《ざんげ》の心がわいてくる）」（『菜《さい》根譚《こんたん》』）

姿勢を正し、「ひとーつー」と唱えれば

悪感情に振り回されないようにするには坐禅をするといい。身体と呼吸を調《ととの》えるこ

とだ。姿勢を正したら、「ひとー」とゆっくり息を吐き、「つー」と息を吸う。十《とお》まで呼吸を数えて、またひとつに戻る。呼吸に集中すれば、煩悩はつぎつぎと起こるが、ほうっておけばいい。起こっては消えていく。

さらに自分がどっしりした堂々たる青山たることをイメージして坐ることだ。次第に身体全身に気迫みたいなものが湧いてくる。本心を悟らなくても、本心が現れてきたのである。そうなると悪感情という雲が起きても、起きたら起きたでいい。大地に任せてしまえば、あっても気にしなくなる。その本心こそ生きるうえで真に拠《よ》り所となるのだ。この不動の本心こそ拠り所とすれば、悪感情もコントロールできるのだ。この力を禅定力《ぜんじょうりょく》という。

だから職場でもどこでも心に悪感情が起きたなと思ったら、坐禅をしなくてもいいから、姿勢を正し、二、三分でいいから呼吸をゆっくりと吐いて、吸うことである。実際、やってみることを勧めたい。もちろん普段から禅定力をつけておくのがいちばんであることはいうまでもない。

禅定力が身につくと、心の底辺が広がり、少々のことでは倒れなくなるものである。二等辺三角形も底辺が広いほうが安定するように。

5　「面倒くさい」と思わない

――「妄想することなかれ」のチカラ

「莫妄想《まくもうぞう》（妄想することなかれ）」という禅語は唐の時代、馬祖禅師《ばそぜんじ》の法を継いだ無業禅師《むごうぜんじ》の言葉である。「凡そ、学者、問を致さば、師、多く之に答えて云わく。莫妄想と」（『景徳伝灯録《けいとくでんとうろく》巻八』）

この和尚は何を聞かれても「莫妄想」と答え、他の言葉をほとんど吐かなかったという。弘安の役のとき、蒙古の襲来という国難にあって、将軍北条時宗は円覚寺の無学祖元《むがくそげん》禅師に請うて、「莫妄想」を書してもらったという。かくして尻込みし、迷う心の芥《あくた》を「莫妄想」と大声で断ち切って、わが国の史上、未曾有《みぞう》の……戦いに臨み、ついに敵を撃破したのである。

様々な妄想があるが、人間だれにも結構起こる「面倒くさい」という感情が難物である。物事をするとき、有用か、雑用か値踏みをするのがお互いだ。雑用になんかに時間をとられるようなことはしたくないと思っているから、ついつい「面倒くさいな」と口に出す。

たとえば町内会の役がまわってきて、草取りやごみ処理とか、夜のパトロールなどの仕事が回ってくると、誰かがしなくてはならないことだが、「面倒だな、やりたくない」と愚痴も出る。だれしも余分なことはしたくないところがある。

わたしも去年、年末の掃除で、雨戸を戸袋に入れないと掃除ができないので、仕方なく一枚目から入れ始めた。やっぱり瞬間、面倒くさいという思いが起こり、いい加減に最初の一枚を入れたら、最後の一枚が入らなかった。結局やり直しとなる。ほんとうに初めが肝心だということを思い知らされた。

結局、「面倒くさい」という思いが邪魔して、かえって時間を浪費する愚行を犯してしまったのである。

そう思ったとき、とくに修行時代はまさに「面倒くさい」の妄念との戦いだったことを思い出す。草取り、面倒くさい。掃き掃除、面倒くさい。トイレ掃除、面倒くさい……いやいややっている、わたしを目にして、さぞかしうさん臭いやつに人には見えたことだろう。わたしにとってはただただ雑用でしかなかった。雑用と決めつけるから、ますます面倒くさくなる。

ある時、草取りをしていて先輩に「お前の草取りは実に雑だ。一本、一本、丁寧に根こそぎ抜け。上の葉だけとってもすぐ生えてくる。お前は妄想しているのだ。だからかえって効率が悪いことをしているんだ」と叱られた。

お蔭で教訓を得た。すなわち雑用だと思い込むと、面倒くさいという思いが起こり、その思いがわが身を自縛《じばく》し、不自由にするものなのだ。考えてみれば、日常の生活は雑用がいっぱいである。だったらやるしか仕方がないわけで、今、目前のことを後回しにしないで、かたっぱしから片付けていくしかない。

その後、そう覚悟を決めて、雑務をやった。そうするとそれなりに能率が上がり、終わった後、何か清々《すがすが》しささえ感じた。でもしばらくすると、「面倒くさい」という思いがまたまた性懲りなく頭をもたげてきたから困った。

それから四十年の歳月が経ち、相変わらず今日でも「面倒くさい」は恐らくわが生涯で消え去らない妄想ではあるが、六十三歳にもなって、処理法掃除の仕方がわからないのでは情けない。「面倒くさい」という妄想を如何に攻略するか、考えざるを得なくなってきた。

心のゴミは大声で捨て去れ！

今はわが生涯の「面倒くさい」の妄想を無業禅師の言句、「莫妄想」と唱えて押しのけ、目前のことに飛び込んでひとつになれる勇気を確保するようにしている。

もうひとつ述べておきたいことがある。仕事でも何事でもそれに立ち向かうとき、あるところまでやって、「面倒だな」と自分でやめてしまうことがないだろうか。

わたし自身、日頃、禅の語録（禅の祖師方の言行録）をできるだけ読むようにしている。読んでいるうちによく把握できないところや疑問が起こる。そこでゆっくり時間をかけて取り組む。じーっと心を空っぽにして雑念を払って考察する。疑問が解かれるまで、自分の心に介在させる。ところがついつい「面倒だ」という妄念がふっと起こる。そうすると、じっくり取り組む気持ちが急速に弱くなってくる。

すぐ理解できないものは自分のそのときの力量を超えているわけで、そこを踏破すれば、わたしの境地や学識もレベルアップすることは間違いないことになる。そのチャンスを結構安易に放棄するところがあるのである。

この「面倒くさい」は進歩の障害妄想なのである。

でも見方を変えると、仕事をしていて、「面倒くさい」という思いが起こったら、この妄想を超えたら、自分はまだ飛躍できるのだという「励みのシグナル」と受け止めればいいのではないか。そうなると、妄想もプラスの妄想に化学変化するではないか。妄想もおもしろいパワーを秘めていることをようやく発見できた。

6 ぼーっと過ごす時もいい

――「精にして雑《ま》じらず、進んで退《しりぞ》かず」のチカラ

さて人生後悔したくなかったら、どうしても押さえておきたいことは、今日この一日をどう生きるか、ということである。この一日が積み重なって一年となり、一生となる。人生結末を迎えても絶対、二度と更生できないのが、今日この一日である。だがこの一日を二度と繰り返せない今日と知っていても、この一日を「空過」、空しく過ごしているのがお互いではないだろうか。

それにしても年をとればとるほど、忙しくなる。それに加えて毎日、不確定なこと

が起こる。たまに手帳に何も予定がない日があると、物足りない。結局、日程に振り回されるのではなく、忙しがっている自分、予定通りいかないといらだつ自分、暇をもてあます自分に振り回されて、安らぎと満足が見出せないでいるのがお互いではないのか。

わたし自身もそんな日々を送っているうちに、どんどん気力を失ってしまい、まさに「空過」に汚染された不甲斐ない自分となっていた。そのことを痛感したのは十年ほど前の十二月、そう五十四歳のときであった。

仕事に追われているうちに、ただこなすだけの自分が虚《むな》しくて、情けなくてたまらないのだが、ものごとに向かう気になれない。年の瀬も迫ってきて、いちばん困ったのは原稿の締め切りであった。パソコンに向かう気に全くなれないし、まして資料を調べる気など皆無であった。

折りしも、知人の母親がなくなった。九十一歳であった。お経を読みに行った。お経を終えて、ふとご遺体のそばの机に目をやると、開かれっぱなしになっていた一冊のノートが目に入った。なにか本から書き取ったような言葉が書き並べてあった。聞けば、この婦人は心筋梗塞の手術をして、結局、一本のバイパスだけを命綱に生きていて、これが詰まれば終わりだという宣告を医師から受けていた。読書が好きであった彼女は、その後も、決してくよくよに負けず、死ぬ間際まで、一日も欠かさず本を読み、感銘した文章や言葉を丹念にノートに抜き書きしていたという。思わず、「すごい」という言葉が出てしまった。

九十一歳の方がここまで精進をしているのだ。九十一歳からわたしの年齢を引き算して「四十近く若い自分が……」と考えが及んだとき、消えかかっていたわたしの気力の火種が少しずつ煽《あお》られていくのがわかった。有り難かった。

この禅語は道元禅師の『正法眼蔵』「八大人覚《にんがく》」に出てくる。

「もろもろの善法において勤修《ごんしゅ》無間《むけん》、故に精進という。精にして雑じらず、進んで退かず」

何事も努力する。一所懸命やることは大切である。しかし、自分の欲の実現のみに打ち込むことは仏法の精進とは言えないと、道元は努力に条件をつける。もちろん不正なことに努力してはいけない。その努力も自己の人間的な向上に結びつかなくてはならないというのである。だから「精にして雑じらず」と続ける。

すなわち努力をした結果、名誉とか報酬などの報いをすぐ求めるような不純な気持ちを持って努力をするのは、精進ではない。精の心には清の意が込められていることを教えている。

次に、「進んで退かず」とある。いつも前進できればいいが、仕事だって、人生だって、そうはいかない。進んで行く道が曲がりくねっていたり、行き止まりだってある。急勾配《こうばい》の上り坂や下り坂だってある。様々な障害にぶつかって、立ち止まり、迷い、「もうどうでもいい」と絶望的になってしまうことだってあるのが仕事であり人生である。

でも、そんなときは決してあせるな、後退してもいいではないか。また気力を取り戻して一歩前進すればいいと道元は励ましてくれる。

自分自身の人生を振り返っても、退かざるを得ないときがどれほどあったことか。しかし考えてみると、その退歩の日々も、わたしの人生を味わい深いものにしてくれたことは間違いない。

我を忘れて打ち込んだ先に

この婦人はなぜ言葉の抜き書きをし続けたのであろうか。読書が好きであったからだけではあるまい。見出した名言に人生を学び、心豊かな日々を送りたいと、熱心に心がけたのであろう。

さらに彼女のこころを想像して気づかせてもらった。いつも持病があって死を背にした日々を送っていたから、それを考えれば、不安と恐怖でこころが占領されそうになったこともあったに違いない。何しろ年齢が年齢である。死を思うまいと思っても、やっぱり思ってしまう。生きる気力がどんどんなくなる。だからこそ抜き書きに打ち込んだのではないか。

読み書くことに打ち込んでいるうちに、時を忘れ、自分を忘れることもあったであろう。今・ここで読み、今・ここで丹念に字を書く。それで何かを得しようとかいう思いもない、純一《じゅんいつ》、まじり気のない、ただ読み書くという行為に喜びを常に発見していたのではないのか。

こういう行為の継続を「精にして雑じらず」と言うのだろう。この雑じらない意思の蓄積が、いつしか彼女の気力と忍耐をも育んで、死の不安をいやしてきたのだろう。

わたしたちがなにかやろうとするとき、自分にはできるのか、やはり無理かと考える。さらにどのくらい利益が生まれるか、損か得か、時間も見積もる。仕事ではこれは当然求められる。だがいつもこういう思いばかりで仕事をしていたら、本当の、もって生まれた能力も学んだ知識も充分発揮できなくなるのではないか。やっぱりそういう計算を捨てて、われを忘れて純一無雑《じゅんいつむざつ》に打ち込むことが仕事だって大事ではないだろうか。

道元は「進んで退かず」と言う。わたしも先に書いたように、無気力に陥った。振り返れば、何度もあった。今回、常にコツコツやることがいかに難しいか、つくづく身にしみた。人間はそんなに強くない。ところが、釈尊の最後の教えが「汝、不放逸《ふほういつ》するなかれ」であったことを知ったとき、若かったわたしは不遜《ふそん》にも「なんだ当たり前じゃないか」と軽く受け止めていた。でも年をとるに従って全く違っていたことがわかった。

がんばってきて、怠けたくなることもある。いつも突っ走っていたら、そんなのは続かない。時にはつまずき、迷い、落ち込む。前に進むどころか後退だってあるのが人間じゃないか。そういうときはまた一歩を踏み出せばいいじゃないか。その言葉に釈尊が優しくわたしたちを見守ってくれる慈悲も感じ取れるようになった。

最後に一言。放逸があるから、また新たな気力の精進も生まれると言っていいのではないか。やっぱり禅は精進だけがいいとは言わない。時には、ボーッと無為の時間もいい。そういう時を経て生まれる人間の反動力だって、精進の分身ではないか。そう考えていくと、精進の一日も、放逸の一日も人生を豊かにしてくれる彩りではないか。問題はそのバランス感覚ではないのか。そう気づいたら楽になった。いかがだろう。

7 無言のつながりに気づく

――「以心伝心」のチカラ

「以心伝心」を国語の辞書で見ると、「仏語。言語で表せない悟りや真理を心から心へ伝えること。主として禅家で用いる」「無言のうちに心が互いに通じ合うこと」とある。

まず二番目の意味から書こうと思う。人と人が通い、信頼が生まれて無言のつながりができる。そして、言わなくてもお互い分かり合えるという人間関係が築けたら、仕事はスムーズに行くし、悩むことがあっても救われるし、生きる元気も出てくる。

しかし現代は人間関係がとても希薄になっている。あまり人とのかかわりをもたないほうが気が楽だという風潮もある。とても気になるのは特に若い人に、他人に対して我関せずという振る舞いが多く感じられる行為がとても目につくこと。

その反面、相手が自分のことに気を配って当然と思っているところがあるように思えて仕方がない。

それは必ずしも若い人の責任ではない。どのように人との信頼関係を学んだらよいのか、彼らにその機会がないからではないのか。

先日もテレビで、上司が部下とどう触れ合ったらよいのか、学習する講座が今たいへんなブームだという。だとすると、年齢を問わず人間関係の育成は現代のこの国の重要なテーマということになる。

オーケストラは奏者がそれぞれ個性を発揮し、かつ団員個々の力がひとつにならないと、聴衆を感動させることはできないだろう。そのために指揮者は、団員たちに、どんな心がけで向き合っているのか。そこには以心伝心の素地を育くむ工夫があるに違いない。

ハンガリー国立フィルハーモニーと名古屋フィルハーモニー交響楽団の桂冠指揮者、小林研一郎は指揮者と団員の間に無言のつながりが生まれてこなくてはいけないと語る。そのためには相手への「思いやり」と「敬意」が欠かせないが、さらにこの二項目を具体的につなげるには三つの条件が欠かせないという。わたしなりに要約してみる。

①指揮者が絶えず勉強し、モチベーションを高める努力を惜しまないこと。そこから相手に本気で向かう姿勢が団員に通じ、それに応えて演奏しようとする思いが強くなる。それこそ相手への思いやりである。

②相手の誇るところを知ること。相手に関心があることはなにか。なにが得意なのか、絶えず感じ取ること。

③温かさが込められたしぐさや言葉をフルに使って、相手に自分の思いを伝えること。だから言わなくても分かっているはずだという思いは人間関係を養成する最大の障害であることを肝に銘じるべきだ。

「教える」ではなく「伝える」

相手のことを慮《おもんぱか》ろうとしない「透明人間」が増えている今日の世相を憂い、いい音楽を聴いて感動し、刹那でもいいから、生きていてよかったなと喜びを共有できる機会にしたい、と小林は大いなる誓願を抱いている。小林の実践はこの世に以心伝心の心を再現する原動力となることは間違いない。

ところで、禅の「以心伝心」は全く異なる。悟りや真理は言葉では伝わらない。心から心に伝わるということだ。

こんな逸話が禅門では伝承されてきた。あるとき、お釈迦様がマガダ国の首都、ラージャグリハにある霊鷲山《りょうじゅせん》におられ、説法が始まった。多くの弟子たちが静かに待っていた。お釈迦様は信者からささげられた蓮華《れんげ》一本を手にされ、説法の座に着かれた。そして無言のまま、その華を人々の前に差し出された。人々は何のことか理解できない。たった一人、摩訶迦葉尊者《まかかしょうそんじゃ》だけが微笑んだという。

後の宋の時代になって無門慧開《えかい》禅師がこの逸話を取り上げて、こう評している。

「吾《われ》に正法眼蔵《しょうぼうげんぞう》、涅槃妙心《ねはんみょうしん》、実相無相《じっそうむそう》、微妙《みみょう》の法門有り。不立文字《ふりゅうもんじ》、教外別伝《きょうげべつでん》、摩訶迦葉に附属す」（『無門関』第六則）

詳しい説明は省《はぶ》くが、慧開禅師は、お釈迦様の悟りの心は摩訶迦葉に伝わったのだと言う。読者には分かりにくいと思うので、あえてヒントになる説明を試みる。お釈迦様は何も考えず、無心に蓮華を差し出された。その蓮華を見た迦葉は何も考えずその蓮華とひとつになって微笑した。お釈迦様と迦葉の本来の心が蓮華を媒介としてひとつになった。お釈迦様はその迦葉のこころを認めたということである。「以心伝心」、この真理の伝承には全く言葉が介在していない。

この「以心伝心」の世界は禅門だけでなく、どんな仕事でも師が弟子に、上司が部下に仕事の真髄を伝えるときにも当てはまるのではないか。歌舞伎の『新薄雪物語《しんうすゆきものがたり》』を思い出す。鎌倉時代の名刀匠正宗《まさむね》が主人公である。秘伝である刀の焼き入れのための冷却水の温度を盗もうとして、許しを得ず水槽に手を入れた弟子、それもわが息子の腕を正宗は斬り落としてしまう。実に残酷と言っていいほど厳しい世界だ。当時は温度計がなかったから、焼き入れの温度は長年の修行で培われた経験と勘であった。思うに、弟子の力量を師が認めるまでのところにいっていなかったから、かえってその弟子にとって為にならないと考えたのだ。

それにしても、わが子の腕を斬ることは、わが身を斬る以上の耐えがたき痛みではなかったか。その根底にはわが息子の根性がこれ以上ゆがんではどうにもならない、という父正宗の生命がけの心配があったのである。

〝気づき〟の先に見えてくるもの

現代は仕事もマニュアル化したり、言葉や絵図で教えてしまうので、苦労もなく仕事を早くこなせるようになるだけで、自分で考えたり工夫したりすることをしなくなってしまう。禅の修行では本来言葉の説明はない。師は悟りの機縁《きえん》となる問題＝公案《こうあん》を弟子に与える。師は弟子が自ら気づくまで、すべて無言で否定し続ける。一ヵ月、いや半年かかることもあった。毎日、師の前に行くのがほんとうに辛くなる。それでもなんとか耐えて、あるとき「これだ」とハッと気づく。そして師に答えを呈し、師が許してくれたときの喜びはとても大きい。新しい世界が心に開かれた感じさえする。そこまでの道程は不透明で長いから、師の不親切はにくたらしい感じさえ抱くこともあった。

しかし、透過《とうか》すると、その不親切が逆に有り難くなってくる。もし言葉で説明されて教えてもらっていたら、自分で気づいたという喜びはない。それに、その答えは自分のものではない。借り物にすぎないわけで、ほんとうには身につかない。身につかないものは必要なとき、働きとなって出てこない。

つまり「以心伝心」に到る道程こそ弟子の力をつけてくれるものである。禅の教育が不親切な「以心伝心」をモットーとしている理由はここにある。

現代の若者はすぐわからないと、ついてこない、辛抱が足りないと言われるが、もう一方で師や上司が弟子や部下を導くのに、「以心伝心」の忍耐力と愛情が欠落していることも確かではないか。「以心伝心」は現代の教育の欠陥を明らかにしてくれる。

8 ムダを惜しむと、人間小さくなる

──「雪を担《にな》って共に井を塡《うず》む」のチカラ

この禅語の原典は白隠《はくいん》禅師が『般若心経』を自在に説いた『毒語心経』に出てくる。

徳雲の閒古錐《かんこすい》
幾たびか妙峰《みょうぶ》頂を下る
他の痴聖人を傭《やと》って
雪を担って共に井を塡む

触れ合う人につくすことはいくらやってもほんとうに微々たるものにすぎない。

雪を運んで井戸を塡めるような無駄ごとかもしれないが、ささやかだからこそ、その無駄と思えるような行いこそ尊いのだという。そこには結果をすぐ求める傲慢さもなく、ただただ頂いた親切を返しきれないという懺悔があるからだと思う。しかもそういう行為こそ世の中を、人と人の関係をおのずと温かいものにしていく源泉になるのではないか。かつてそれを陰徳といった。

現代は無駄遣いを嫌い、成果主義が声高に叫ばれ、できるだけ速く効率よく物事を成し遂げることがベターとされている。確かに無駄を省くことは時間にせよ経営にせよ重要だが、禅はいつも主張するように、すべてのことで物事の一方にのみ偏重したり、捉われると、必ず何かを失うと教えている。

いくら雪を運んで、井戸を塡めようとしても無駄に決まっている。しかし仕事でも無駄を恐れて、楽な道を選んだとき、平凡な結果しか手に入らない。人のためになにかしてあげても、計算ずくと見抜かれてしまうし、大したことはできないものだ。

修行時代、忘れがたく、かつ今でもキュッと胸が痛くなる師の厳訓《げんくん》があった。道場に入って三年目であったか、師が質素な隠寮（師の居室）を新築することになった。二月に棟上式《むねあげしき》がなされた。翌朝、一面の雪景色であった。わたしが建設現場へ行って、廊下から何とはなしに棟上げされた木材の上に積もった雪を見ていた。

師がひょっこり現れて、しばらく並んで見ておられていたが、「お前さん、あの雪をとりなさい」と声をかけられる。わたしは大の高所恐怖症だから、即座に「老師、わたしは高いところはだめなんです」と答えた。「そんなことはわしは知らん」とつめたい返事。

実は高所に苦い思い出があった。かつて、樋《とい》に詰まった枯れ葉をとるように師に命じられたことがあった。なにしろ大きな建造物の樋だから、普通の二階の高さくらいある。梯子《はしご》を持ってきてかけて登り始めた。途中下を見ると、くらくらと目がくらんだ。そのとき、高校生のころ、東京タワーに上がって、足が震えたことを思い出した。すると足が止まって動けなくなった。

下にいる師に「もしわたしが落ちたらどうしますか」と聞くと、「安心しろ。お経を一巻よんでやるよ」と答えられた。落ちて死んだらちゃんと成仏できるようにお経をあげてやる、ということである。その一言で緊張感がどこかへいってしまった。それでも地上に降りて安堵感が広がったが、上を見上げたら二度と高いところはいやだと思った。

今回は是が非でも回避したかったので、「老師、あの雪は風が吹けば飛んでしまうし、日が出ればとけてしまいますよ」と理屈を言った。そんなことは無駄ですと伝えたかったのだ。すると師は「お前さん、大工さんがつめたい思いで仕事をする姿が見えないのか」とでも言いたげな、悲しそうな顔をされた。なんとなく何か言わなければいけない気持ちになって「老師、それは禅語に〝雪を担って共に井を塡む〟とありますが、そのことでしょうか」と、いかにもこの禅語がこの状況にぴったりと感じて「お前さん、いい言句を知っているな」とほめてくれると思った刹那、老師の顔がみるみる硬直し恐ろしい相になって、「お前なんかにわかるものか」と大きな声でどなられた。わたしは足がぶるぶる震えて、ただただ立ちすくむだけであった。

今でも雪を見ると、必ず老師のその声が耳に響いてくる。

この禅語のほんとうの意味が分かっていれば、師の言葉を待つまでもなく、即座に雪を取り除きに行っていたはずである。単に知識として覚えていたにすぎないから、この言葉の魂が働きとなってわが身から発露されることは何もなかった。そこを師は厳しく叱責されたのだ。結局、わたしはわが身かわいさの修行をしていたのだ。

無駄はどんな価値があるのか

仕事のうえで、さまざまな視点で見ることや発想や創造は欠かせないのだが、効率のみ追求し、無駄を嫌ったらどうだろうか。

機械工学から情報処理まで、世界で第一線級の仕事をしてきた人がいる。同志社大学大学院工学研究科、三木光範教授はいい仕事をするには何が必要か、実に端的に語っている。何か発想しようとしたらマニュアルや教科書に書かれた言葉ばかり信じていてはだめだ。実体験しないと「どうして」「なぜ」という疑問は浮かばず、好奇心も起こらない。「おもしろい」「おかしい」という感覚を得ることもできない。五感を育てないといい仕事はできない。ゴールに最短距離で着くことばかり考えていたら、マニュアルばかり求めて知識を詰め込むことになる。そんなことより「一見役に立たないじゃないかとか、目標から遠ざかるんじゃないかという動きを認めないと、本当の目標には到達しないということだと思います」と言う。そして三木教授はたくさんの人と会うこと、羽目をはずして遊ぶことなどを大いに体験しなければいけないとアドバイスする。（『ウェッジ』二〇〇七年　十一月号）。

やっぱり人生でも仕事でも無駄を惜しんでは人間が小さくなってしまう。心が小さくなっては人への思いやりも発想も小さくなるということだ。未知なるもの、結果が予測できないものに向かう気力が起きない。水面下のさまざまな無駄とも思える努力があって、仕事が、人間性が生きてくるということか。発明王、エジソンがこんな名言を残している。

ラクな道を歩もうとする人は多い。
ラクして儲《もう》けようとする人も多い。
需要と供給の関係から明らかなように、
そのような人には平凡な結果しか待っていない。

3章

こだわりが残ったときの「禅」

——毎日を楽に生きられる【禅・8話】

1 誰もが「捨てきれないもの」がある

――「放下着《ほうげじゃく》」のチカラ

「放下着」という禅語は『五家正宗賛《ごけしょうじゅうさん》』趙州《じょうしゅう》章に出てくる。

「一物不将来《いちもつふしょうらい》の時如何」（何もかも捨てきって、わたしは一物も持っていませんが、そういう境地はどんなものでしょうか）と厳陽《ごんよう》尊者が尋ねた。「放下着」（何もかも捨てきれ）と趙州。すると厳陽は「已《すで》に是れ一物不将来、這《こ》の什麼《なに》をか放下せん」（一物も持っていないのですから、捨てるものがない。なにを捨てたらよいのですか）と言い返した。「恁麼《いんも》ならば則《すなわ》ち担取し去れ」（それなら担いでいったらよい）と趙州は答えている。

言うまでもなく、「捨てきって、一物もない」という思いも捨てたと主張しているのだが、その意識さえ執着にほかならない。禅は捨てたという念を残していることさえも許さない。厳陽は直ちに悟ったとある。

今年もお寺は三月の決算期を迎えて、机の書類を片付けざるを得なくなった。後で楽できるように、いくつか分野ごと箱別にして書類を仕分けしておいたつもりであったが、いざ整理してみると不要な書類が相当出てきた。残しておくべき物と、捨ててかまわない物の基準がなかったというより、その都度、ちゃんと即断せずいい加減にしてきたつけが回ってきたのだ。

ある人はルールを作って、即座に処分するという。「取っておく」「一時的に保管する（一ヵ月後に見直しをする）」「捨てる」の三つのルールだそうだ。今度こそこのルールを実行しようと思う。

さて物を捨てるのに躊躇《ちゅうちょ》するものだが、わたしたちがなかなか捨てられないものが欲である。仏教では財欲・名誉欲・色欲・睡眠欲・飲食欲の五欲を上げる。

西郷隆盛は「命もいらず、名もいらず、官位も金もいらぬ人は、仕末に困るもの也」(『南洲翁遺訓』)と言ったという。西郷は自分を捨てきっていたから、欲では動かされない。彼は人間を相手にせず、天に恥じないよう、「義」で動いた人であった。こんな清虚《せいきょ》なる政治家なんか今はいるだろうか。私自身、西郷に魅了されはするが、到底できそうにない。

ある女性が、「男はやっぱり自分の幸福を優先する動物ではないかしら。女にはわが子の幸福のため自分の幸福を捨てる強さがあるわよ」と話されたことがあった。もちろん男だって妻を大事だと思っているし、子を愛する気持ちは変わらないと思う。仕事欲とか、名誉欲とかを家族の幸福に優先するつもりはないが、男はそれらを手放すことがなかなかできない。これらを捨てることは己の死を意味すると思い込んでいるからかもしれない。

だからこの間、「吾子《あこ》のほか皆捨てて来し青嵐《あおあらし》」(高尾早弓)という句に出会ったとき、ドキッとした。自分の弱点をガツンと衝《つ》かれたような気がしたからである。

〝捨てきる〟のは難しい。だから……

さて冒頭に書いた禅問答のやり取りを見ていると、どうしても捨てられないわが欲を背負っていくしかないのが己の人生かな、と考えてしまう。かといってできるだけ清清《せいせい》生きたいと思う。相反する気持ちのなかで揺らいでいたとき、宮沢賢治の手紙を収録した本と出会った。少し長いが紹介する。

「僅かばかりの才能とか、器量とか、身分とか財産とかいうものが何かじぶんのからだについたものででもあるかと思ひ、じぶんの仕事を卑しみ、同輩を嘲けり、いまどこからかじぶんを所謂《いわゆる》社会の高みへ引き上げに来るものがあるやうに思ひ、空想をのみ生活して却って完全な現在の生活をば味ふこともせず、幾年かが空しく過ぎて漸《よう》やくじぶんの築いてゐた蜃気楼の消えるのを見ては、ただもう人を怒り世間を憤り従って師友を失ひ憂悶《ゆうもん》病を得るといったやうな順序です。あなたは賢いしかういふ過りはなさらないでせうが、しかし何といっても時代が時代ですから充分にご戒心下さい」

「どうか今のご生活を大切にお護り下さい。上のそらでなしに、しっかり落ちついて、一時の感激や興奮を避け、楽しめるものは楽しみ、苦しまなければならないものは苦しんで生きて行きませう」（一九三三年、かつての教え子、柳原昌悦への手紙）

賢治ほど心の澄んだ人が、本当に捨てきれない心境をそのまま露呈してくれていることに驚き、かつ安心する。

同時に「仕事であれ、遊びであれ、今、自分がなすことにおいて余分なものは一時預かってもらい、今、ここで楽しんだらいいんだよ。苦しいときは悩んだらいいんだよ。それだって放下着だよ」って、賢治は励ましてくれているとわたしは勝手に解釈しているのだが、いかがだろう。

2　心の垢を落とす方法

──「洗心《せんしん》」のチカラ

「洗心」とは心の垢《あか》を洗うことである。原典は『易経』繋辞《けいじ》上伝に出てくる。「聖人これをもって心を洗い、退きて密に蔵《かく》れ、吉凶民と患《うれ》いを同じくす」とある。

あなたの部屋もこまめに掃除をしないと、いつの間にか汚れてくる。顔も身体も風呂に入って石鹸で洗わないと汚れる。風呂かシャワーで洗って、垢を流す。でもなかなか心の垢を洗い流すことに、気づく人は少ないのではないだろうか。でも心の垢も知らず知らずたまっていくものだ。

ところで生きていると、つくづく身も心も洗われるような出会いや出来事があって、そんなときは今まで溜まったというか、こびりついた心の垢がスーッと流れさることがある。まさに洗心のプレゼントである。

父、道顕《どうけん》和尚の『思い出の記』を読んでいたら、修行時代の忘れがたい師とのあるエピソードが書かれていた。父は神戸の祥福寺僧堂で栽松軒老師のもとで禅の修行をした。隠侍《いんじ》といって、師のお世話をする係となったときのことである。

師に伴僧してある寺の法要に行く。法要も終わり、山を降りてタクシーに乗ろうとしたとき、「帽子がない」と老師が言われる。父はわたしと異なり、微細な神経を使う人であったから、当然、忘れ物がないようちゃんと師が行かれた後をすべて見てまわっていた。だから師に言われたとき、自信を持って、「老師がお持ちですよ」と答えた。

するとそばにいたその寺の住職が「隠侍さん、老師が言われるのだから、捜しにいったらいいじゃないか」と注意した。父も若気の至りであったか、「わたしはあなたの隠侍ではありません。あなたの命《めい》を受ける必要はありません」と反論した。でも師の顔を見て、父は仕方なく寺に戻った。いくら探しても帽子はなかった。

師は先に帰られ、父は後からバスで道場に帰る。師のおられる隠寮に帰山の挨拶に行くと、師はお客さんと談笑されていた。敷居のまえに正座して、父が頭を下げようとした刹那、師は父の姿を見て、サーッと座を立たれ、父の背後に座られると、廊下の板の間に頭を深々と下げて、「申し訳ないことをした。帽子はあった。わしのまちがいであった」と静かに謝られた。

「この一言」が、父の〝のぼせの垢〟を洗い流した

父は驚いて全身の震えが止まらなかった。同時に己の思い上がった態度が恥ずかしく、なぜ「帽子がない」と師に言われたとき、ぶつぶつ言わず取りにもどらなかったのか、と後悔した。そして「この方のもとで一所懸命修行し、仕えよう」と心に固く誓わずにはいられなかったという。

父はわたしと比べて頭がとても切れた人だ。何事にも積極的な人であったから、若いころは、相当我武者羅《がむしゃら》に修行したに違いない。人より繊細で気配りができ優秀な雲

水であっただろうから、どこかに自信から生まれる思い上がりの気持ちが潜んでいたのかもしれない。しかし、老師は指導者であることなどに全くとらわれず、「自分が悪いものは悪い」と即座に謝る老師の潔い行為に、父の〃のぼせの垢〃が完膚なきまで洗い流されてしまったのだ。

このような出来事はそう滅多にあるものではない。でもお互い、生涯でひとつやふたつ稀有《けう》な感動があると思う。そのチャンスに掛けがえのない宝物を己の生命にしみこませないといけない。

問題は、日常溜まる垢や汚れをどう洗い清めるか、である。

禅の洗剤は懺悔と坐禅の実践である。『観普賢経《かんふげんきょう》』にはこう説かれている。

一切業障《ごっしょう》の海は皆妄想より生ず。若し懺悔《さんげ》せんと欲せば、端座して実相を念ぜよ。
衆罪は霜露《そうろ》の如し、慧日《えにち》能く消除す。

すべてのあやまちは心の垢が溜って起こす妄想から生まれる。懺悔したいと思ったら、自分を見つめて、いかに垢が心にたまっているか、しっかり見つめよ、そして、さらに坐してわが思いに毒されない本当の自己にめざめることである。悟ったら、もろもろの罪がすべて消えていくという意味である。

わたしたちはなかなかそうはいかないが、あきらめてはいけないのだ。もし仏壇があれば、線香を立ててその前に姿勢を正して坐禅をする。そして今日一日の反省をする。そしてしばらく呼吸をゆっくり数えて調える。もし仏壇がなければ、壁に向かえばいい。洗心の行は日々続けることである。

盛永宗興《もりながそうこう》老師は寝る前に、線香を一本立てて、自分は今日、死んだと想定して、毎日自分の葬儀をすることを勧められた。今日限りと思い定めて、すべての誤りを洗いざらい投げ出して、静かに坐す。この洗心行を毎日欠かさずやったら、清々《せいせい》と熟睡でき、生まれ変わったつもりで朝を迎えられるのではないか。

自分なりの洗心の方法を工夫したいものだと思う。

3 遠回りが、実は近道

——「歩を退《しりぞ》くるは即ち歩を進むるの張本《ちょうほん》なり」のチカラ

この「歩を退くるは即ち歩を進むるの張本なり」という言葉は『菜根譚《さいこんたん》』に出てくる。この言句の前に「世に処するに一歩を譲るを高しとなす」とある。すなわち世を渡るには、先を争うこともあるが、一歩を譲る心がけを持ったほうが尊い。この一歩を退くことがとりもなおさず一歩を進める伏線となるという意味である。

真っ直ぐにものごとを進めたい、前向きに生きたいと誰でも考えていると思う。しかし障害にぶつかって思うようにいかずにあせったり、挫折してしまい「もう駄目だ」と絶望することだってある。またできるだけ他者と良好の関係を持ちたいと考えているはずである。しかし自分の考えがなかなか通らず、理解されず、誤解されたりして、対立してしまうこともある。利害が相反して、仲たがいしてしまうこともある。そんなときは、人間不信に陥ることもあるのが人生だ。

わたしは結構、せかせか人間だが、六十年も生きてきて、仕事であれ、人間関係であれ、人生道であれ、なかなか直線的に、最短距離にものごとは進行しないものであることを身にしみて分からせてもらってきた。

江戸時代に、風外《ふうがい》という風変わりな禅僧がいた。四十歳のころ、雨漏りのする荒寺、大坂の円通院に住んだ。貧しい生活にも彼は全く頓着しなかった。豪商、川藤太兵衛がある日、訪れた。風外は女性のように柔和に見えたから、とても力量のある和尚には見えなかったこともあってか、川藤は試してやろうと、つぎつぎ質問をしかける。

ところが和尚はじーっと座しているばかりで、なにか別のことに関心があるらしい。和尚が気に取られているものに川藤が目を向けると、方丈《ほうじょう》の障子にあぶが何度もぶつかってバタバタもがいている。川藤はこのあぶを題材に、風外に「如何なるか仏法」と問うた。

和尚はそれには答えず、「あんたはどう思う。あのあぶは一歩さがれば、あちらこちらに障子が破れていることがわかるはずだ。それなのにこのあぶは何度も同じところに体当たりして、七転八倒している。これではいずれ力尽きて死んでしまうだろう。おろかなことだ。だが人間もともすると、あぶとおなじことをやってはいないか。かたくなにものごとに執着して、強引に突き進んで、どうにもならない状況に自らを陥れる」とたんたんと語る。思い当たる節があった川藤は風外の独白が身にしみた。

それからは心を入れ替えて、風外に法を求め、円通院の再建に大いに力を注いだという。

執着すると心がコチコチになる

やはりわたしたちは、ものごとがスムーズにいかないとき、自分が正しいと思うと、その考えに執着してしまい、それを無理やり押し通したくなる。譲歩することをプライドが許さないのだ。そのために却《かえ》って心も膠着《こうちゃく》してしまい、相手の言い分をちゃんと理解できないことも起こる。どんなことがあっても、のぼせ上がったり、反対に絶望してすべての道が閉ざされてしまったような感情に支配され、自己を見失ってしまってはどうにもならない。

それより心が頑なになったなと気づいたら、「ちょっと待てよ」と口に出してみるのがいい。落ち着くと、心にも余裕が生まれる。なにをすべきか、どう工夫したらよいのか気づく「間」ができるものである。

直線よりも迂回路の生き方

直線的な人生もいいが、あまり順調だと挫折を知らず、調子に乗ってしまい、なにも考えなくなる。しかし、人生はそうはいかない。退一歩の生き方、それどころか迂回路の生き方をせざるを得なくなるときが起こる。しかしそのおかげで、かえって自己を掘り下げ、味わい深い人生に導いてくれるし、さらに前進の一歩につながっていくのではないだろうか。

最後に歌人、若山牧水の「なまけ者と雨」の一節を紹介しよう。そういう人生の不調のとき、とても心落ちつかせてくれる詩である。

すべての企てに疲れたやうな心にはまつたく雨がなつかしい。一つ〳〵降つて來るのを仰いでゐると、いつか心はおだやかに凪《な》いでゆく。怠けてゐるにも安心して怠けてゐられるのをおもふ。

4 「嫌なこと」「悪口」「そしり」とのつきあい方

――「風、疎《そ》竹《ちく》に来《きた》る。風過ぎて竹に声《こえ》を留《とど》めず」のチカラ

切り替えがうまくいかないとき、いつも自分に言い聞かせる禅語がある。

「風、疎竹に来る。風過ぎて竹に声を留めず」

風がまばらな竹やぶに吹くと、そのとき竹は風に吹かれてサワサワと音を立てるが、吹きすぎてしまえばもとの静けさに戻り、竹やぶはなんの音もしないという意味。わたしの大好きな言葉である。読んだだけで、心の憂さが和らぐ。わがこだわりを吹き飛ばすような涼風を感応させてくれるからだろうか。

明《みん》末に生きた洪自誠の著書、『菜根譚』に出てくる句である。老荘、儒教や仏

教、特に禅の思想による、人としてあるべき姿を述べた本だ。最後の句を読めば、洪自誠の言わんとするところがよくわかる。「故に君子《くんし》は、事来りて心始めて現れ、事去りて心随《したが》いて空《むな》し」と続く（だから君子は何か事が起きると、それに応じて心が現れるが、それが過ぎてしまえば、それに伴って心に何も残らない）。

わたしには洪自誠も心の切り替えに苦労した事が窺《うかが》える。

さて、わたし自身はだいたい、アバウトな性格であるが、いやなこと、腹が立つことがあると、どうしてもそれに心が動かされて、苛立ったり愚痴が出たりして、相手の言葉や表情に「あれは許せない」とこだわり、一層、心を消耗することがある。また自分の行いに誤りがあったり、行き過ぎてしまうこともある。

そんなとき、自分の非をすぐ認めて謝ればよいのだが、まずいと感じつつ、なんとなく意地を張ったり、謝罪できない分、後悔し、心がもやもやして、相手との距離が離れていく。溝も生まれる。

そんなこと気にしない、気にしたら損だ、そんなことなど忘れたほうが賢明だ、とわかっているのにできないことが多い。この部分はアバウトになれないのがわたしでもある。結局、心の切り替えが下手なのだ。

最近、二つ、わが心を騒がせたことがあった。ひとつは人づてにわたしの悪評を耳にしたことである。知人が飲み屋に行ったら、たまたま作務衣《さむえ》を着た人の隣に座った。同じ宗派の僧だと思って話しかけると、「そうですよ」と言う。彼はわたしと親しいことを話すと、その人は「あいつは酒癖が悪いし、とんでもないやつだ」と声を荒立てて言ったのでとても驚いたという。

知人は腹が立って、わたしのために懸命に弁護してくれたらしい。わたしは、「人の口には戸が立てられないからね。言わせておけばいいじゃないですか」と、格好よく答えた。悪口に慣れてはいるから、自分をよく知らない人の批判はあまり気にしないことにしてはいるが、でも心がやっぱり騒いだ。その日、一日、不快の念が残った。

悩んでも悩まなくても朝がくる

もうひとつはこちらが信頼していたし、相手も信頼してくれていると思っていた人のとても意に反する発言を耳にしたことである。事実と知ったとき、相当、悔しさと情けなさがない交《ま》ぜとなって、心を傷つけられた。これはずいぶん長く心をうずかせた。彼が背信的行為をしたのはわたしの至らなさがあったせいかもしれない。

それにしてもいいままでずいぶん、彼をバックアップしてきたつもりだけに、彼の豹《ひょう》変《へん》ぶりを見抜けなかった自分の不甲斐なさも腹立たしかった。やはりものごとは諸行無常なのだ。

親切にしてあげても、仇《あだ》で返されることもあるのが人間だ、と何かで読んだことがある。不快の念を継いだら、自分の感情の連鎖の奴隷になってしまうこともわかっている。だが現実にはそうはいかない。六十にもなって、わが心境は本当に向上していない。ただ救いになるのは心の整理をするための「心の救急箱」だけはいつしか語句が増えた。それが心の切り替えに結構役立つ。

心の切り替えに、日々の工夫が自分なりにあってもいい。ある人が、川柳がいいと教えてくれた。川柳の軽妙さが心の重さをあずかってくれるからに違いない。川柳の本を早速買い求めた。こんな句はどうか。

腹が立つ時見るための海（慶紀逸《けいきいつ》が編んだ『武玉川《むたまがわ》』）

腹が立ってどうにも納まらないから、大海原を見に行った。小さなことにこだわっている自分がばかばかしくなってきた。結局、自分が自分を滞らせ、苦しめていることが見えてきたからだ。己のおろかさがわかれば、心は空じられていく。

わが故郷、静岡は山と海に恵まれている。わたしは、どちらかというと海が好きだ。大海原を見ていると、大らかな気持ちになるし、あの波の単調な繰り返しがいい。何かで読んだ本にこんな迷句（？）があった。

悩んでも悩まなくても朝が来る

誰もが心の切り替えに苦戦しているにちがいない。あなたも好ましからぬ風をどう受け流すか、不快な感情、つまらない小さなストレスをためて大きなストレスにしたくない――うまく心の整理の工夫をして、竹のごとく、清々しく、明るく生きたほうが心にも身体にも頭にもいい。

5 まず自分の使った皿を洗うことから

──「鉢盂《はちう》を洗い去れ」のチカラ

この禅語は禅の公案集（悟りの因縁になった機縁を問題にしたもの）の『無門関』の第七則に出てくる。趙州《じょうしゅう》という禅師に、ある僧が「新入りの修行者の心構えを教えてください」と尋ねる。師は「お粥《かゆ》を食べたか」（禅の道場では、朝食は粥に決まっている）「はい、頂きました」「持鉢《じはつ》を洗っておけよ」と趙州が言うと、その僧ははっと悟るものがあった、とある。

修行道場では食事のとき、持鉢といって、重ねられた五つの大小のお椀を飯台《はんだい》という机の上に並べる。いちばん大きな椀がご飯、次から順番に、汁、一品（夕飯のみ）、漬物という具合に使う。終わると、いちばん大きなお椀にお茶を入れて、あとのお椀をその中に入れて、箸を使って漬物か指で洗う。布巾《ふきん》でお椀を拭いて、大きなお椀に残りのお椀を重ねてしまうのである。

実に合理的にできている。自分の始末はできるだけ自分でして、他の人の修行をできる限りわずらわさないのが修行の原則だからである。

同時に、禅は決して日常生活をいい加減にして、坐禅ばかりし、師匠の提唱を聞いていればいいのではない。やっぱり生命を生きるという観点から言えば、トイレに行く、食事をする、片付ける、寝る……すべての行為が、日常の生活に絶対、欠かせないものだし、自己を磨かせてもらう尊い行為だからである。

これらの日常的な行為を自分なりにひとつひとつ軽んぜずに仕上げていくと、自ずと心と身体が落ち着いて、気持ちが清々《せいせい》してくる。さらに次の行為にスムーズに気力が生まれるものである。

だからお椀を洗うという、きわめて日常的な行為はまさに活命佛行なのだ。

わたし自身も道場に入るまで、当たり前の日常の生活習慣より坐禅、師と禅問答をする参禅や語録を読むことのほうが上位だと決め付けていた。

しかし、そうではなかったのだ。日常の基本的な生活習慣が頭をより柔軟に働かせ、気力を充実させるのにいかに重要な働きをしていることか。

もしあなた自身が、最近、頭がちっとも働かないと感じていたら、日常生活の習慣を疎《おろそ》かにしていないか、見直してほしい。自分の使ったお皿を今日から洗ってみよう。

普通、頭が働かないとか、気力がわかないと感じることがあると、忙しくて疲れのせいか、やはり年のせいかと慰めるものだ。

ところが脳神経外科医、築山節《つきやまたかし》先生の書かれた『脳が冴える15の習慣』を読んでいたら、生活のリズムが安定していないことに、つまり日常の生活に要因がある可能性が高い、とあった。これはおもしろいと思った

朝、出社ぎりぎりで起きて、朝食も食べず、電車に乗って会社に行く。同僚との挨拶も小さい声でそこそこにして、机の前に座る。仕事に取り掛かる。パソコンに向かっても、脳がすぐ働くだろうか。そして仕事に、会議に追われて、残業もやって、働

いて働いて夜十一時になって帰宅して風呂にも入らずベッドにもぐり込む。ウィークエンドはごろごろ休息をとる、なんて生活をしていたら、きっといつしかストレスも溜まり、気力もどんどん減少していくことは必定ではないだろうか。

禅の修行こそ脳を活性化する⁉

やっぱり少し早く起きて、洗顔し、散歩して自然と触れ合う。ちゃんと朝食をとって、家族と大きな声で「おはよう」と挨拶を交わし、自分が食べた器と箸くらい洗って、出かける。そういう朝の日常の習慣をキチンと始めて、一日をスタートすることがとても脳の機能を高めるウォーミングアップになるという。

なぜか。足や手や口を動かすという運動系の機能は脳の表面中央付近に分布しているので、その脳領域を動かすことによって、そこに至る脳の血流をよくすることになる。

例えば足を動かすための機能は頭頂部に近いところにあるので、早朝に散歩をすると、血液が高いところまで汲み上げられる。歩くということは足を中心とする全身の運動だから、脳全体に血液が巡りやすくなるという。

築山医師の著書を読んでいくうちに、若いころの修行道場の生活の日々が蘇《よみがえ》ってきた。まさに、禅の修行は脳のウォーミングアップそのものだと思った。

春から夏にかけての修行は、朝三時半ぐらいに起こされる。トイレに行き、顔をサッと洗って、衣を着けて、大きな声でお経を読む。それから朝食のお粥を食べ、終ったら自分が食べた容器はお茶を入れて指で洗う。それから参禅《さんぜん》といって、師匠と禅問答だ。終わってしばらく坐禅をして、ようやく日も明るくなってくるので、境内の掃除を始める。三十分くらいして終えると、しばらく休息して、托鉢《たくはつ》に出るか、師匠の禅の語録の講義……これが午前中の日課である。ほとんど毎日が同じ事の繰り返しである。

築山医師は脳が活性化するために午前中、実行してほしい項目を挙げている。①散歩などの軽い運動　②部屋の片付け　③料理　④ガーデニング　⑤挨拶＋一言　⑥音読（できれば一〇分以上）などの六項目だ。

まさに禅の道場は医師の勧める、実践項目そのものではないか。托鉢は散歩ではないが往復で二時間半くらい歩く。途中休憩するから一時間ずつの散歩の時間にあたる。朝の読経《どきょう》はまさに音読である。掃除はガーデニングに当たると考えたらどうか。だいたい、道場の睡眠時間は三時間半くらいだけれど、寝不足のわりに頭が働き、身体をテキパキと動かす気力が出るのは、こういう生活習慣のおかげであることがこれではっきりしてきた。

だから、「鉢盂を洗い去れ」という、仕事と比べたら取るに足らないと思われる行為だけれど、そのような日常の生活習慣を当たり前に、さらに丹念にやることが気力の調整にいかに役立つことかをしっかり認識し、実行すべきなのである。

これをいい加減にすることは、実はこの生命も軽んじていることにほかならないと言ったら、あなたは驚くかもしれないが。

6 思い込みは、人間を小さくする

――「無一物」のチカラ

誰でも「自分は優秀な人間だ」とちょっとした高慢な思いを抱くことがある。その汚れた思いを生み出す元凶こそ自我である。自我が強くて信用のおけない人を「あいつは腹に一物がある」という。この自我が働くと、かえって人にえらそうにして不快な感情を撒《ま》き散らしてしまう。だからこそ「一物」の処理ができないと、わたしたちは自由に生きられない。

この「一物」を否定したとき、初めて自ずと現れる本来の心の別名を「無一物」と慧《え》能《のう》禅師は説いたのである。だから「無一物」の「無」とは、ないという意味ではない。むしろ、一物に振りまわされない自在な働きの意味と受け止めたい。

唐の時代、慧能という禅僧がいた。この人は中国に禅を根付かせた傑物《けつぶつ》である。貧しかったため、文字も読めず、学問を修めることもできなかった。しかし、縁あって師である弘忍《ぐにん》禅師のもとで悟りを開いたのである。

この禅語は、この慧能の語録『六祖壇経《ろくそだんきょう》』に出てくる。慧能がまだ弘忍の道場に入って、僧にならず、米搗《こめつ》きの労働にひたすら打ち込んでいた。弘忍が弟子たちに自己の悟りの境地を詩偈《しげ》（漢語）にして、紙に書き、壁に貼り出してみよ、と命じた。

誰も出す勇気がなかったが、弘忍の後継者と言われていた高弟神秀《じんしゅう》が決心して、「身は是れ菩提樹、心は明鏡台の如し。時々に勤めて払拭《ほっしき》して、塵埃《じんない》をして惹《ひ》かしむる事勿《なか》れ」という漢詩を貼り出した。この身体は悟りの樹であり、鏡のように清浄なのが本来の心である。ごみやちりがつかないよう、常に払っておくことだ、という意味である。慧能はそれを人に読んでもらったが、納得できなかった。

慧能は自分の見解《けんげ》を書いてもらった。「菩提本樹《もと》無し、明鏡も亦台に非《あら》ず。本来無一物、何《いず》れの処にか塵埃を惹かん」。本来、悟りの樹なんかない。鏡はものが来ればそのまま映り、去れば消えるように、本来の心も一切の執着がない。また鏡の前にきれいなものが来れば、きれいなまま映す。汚いものが来れば、やっぱり汚いまま映す。けれども鏡はきれいになったり、汚くなったりしない。同じように本来の心（本来の自己、真の人間性）も清濁に関与しない。

ただ本来の心は鏡のような形など全くない。本来の心は一物の影響を全く受けなくて、自由自在に働くと、慧能は詠《うた》った。その漢詩を見た弘忍は秘かに彼の大悟を認め、禅の法を伝えることになったという。慧能は宗教的天才なのだ。

そんなれならしない方がマシ

本来の心のことを「無一物」と慧能は詠ったのだが、「無」とは、「一物」とはどんな意味が込められているのか。慧能の逸話を手がかりに考察してみよう。

慧能の悟りの宗教体験を耳にした一人の男がいた。法達《ほうたつ》といって、経典中の王と称される、『法華経』を学び、研鑽《けんさん》を重ね、もはや右に出るものがないと評判の学僧であった。彼は慧能の悟りに疑問を抱く。人間が悟るには長年修行を重ね、何度も死に変わり、生まれ変わりして、ようやく開けるものだ。

まして文字が読めない者なんかに経典が読める訳がない。そんな者が悟りなど開けることなどあり得ないと信じていた。その似非《えせ》の力量を暴いてやろうと、慧能に会いに行った。

法達は慧能に形式的に礼拝する。床に頭をつけて五体投地《ごたいとうち》をしようとした刹那、禅師は「おまえさん、形は礼をしているが、礼していないものがある。何者か。そんな礼ならしないほうがましだ。汝、心に一物があるだろう。今まで何を学んできたのか」と尋ねる。法達は「『法華経』を学ぶこと三千回になります」と誇らしげに答える。

即座に「たとえ何万回学び、お経の意味を理解しつくしても、もしそれで自分が勝《まさ》っている気持ちがひとかけらでもあったら、そんなものはなにもならない。心の一物を捨てることができたとき、わたしとともに仏道の修行をしようじゃないか」と慧能は諭した（『景徳伝燈録　私訳』）。

法達は深く反省し、慧能のもとに飛び込んで、ひたすら修行を積み、ついに悟りを開いた。

「おまえは、まだ娘を背負っていたのか」

明治の禅僧、原坦山《たんざん》は「無一物」の人であった。この人が東大の印度哲学科を開いたという。修行時代のことである。坦山が友人の雲水と行脚《あんぎゃ》に出る。途中、川にさしかかった。娘さんが渡れず困っているのを見つけた。坦山はなんの迷いもなくさっと近づき、娘さんを背負って渡してあげた。娘は頭を下げ、お礼を言って去っていった。

坦山はそのことをすっかり忘れて、歩を進めて行く。もう一人の雲水は坦山の行為をにがにがしく思って見ていた。坦山に「おまえは修行中の身でありながら、娘を抱いて恥ずかしくないのか」と文句をぶつけた。

坦山は平然として、「おまえは、まだ娘を背負っていたのか」と答えたという。

友人は、修行の身で若い女性に触れているのを人が見たらまずいじゃないか、世間《せけん》体《てい》を気にし戒律にそむきはしないか、その思いが「一物」から生まれ、それに左右されて、いつまでもその思いを背負って坦山に抗議したのである。

坦山には全く「一物」がないから、相手が男であれ、女であれ、誰であろうと差別なんかしない。即座に必要とあればそれに応じて手助けをして、終わればそれで手助けしたという思いも全く残らない。まさに「無一物」、「本来の自己」がイキイキと働いているではないか。

心の呻き声は無一物の世界から発せられる

現代人は物質にあふれて生活している。それこそ手にバッグ、肩にショルダー、腹の中に「自我」という「一物」をしっかり持っている。まさに余分な荷物を過重にして生きているのではないのか。

禅の修行は極めてシンプルな生活を送る。持ち物は持鉢（五つ重ねのお椀）と衣と網代笠《あじろがさ》とわら草履《ぞうり》だけを所有し、道場の自分の居住は坐禅堂の畳《たたみ》一畳《じょう》である。食事も朝は粥、昼は麦めしとみそ汁、夜は残りものである。物をシンプルにすると、自ずと自分の内なる世界へ眼が向く。そして自己を見つめる心の掃除ができる。

しかし「無一物」という本来の自己にほんとうに目覚めるのは容易ではない。頭で「無一物」を理解しても不完全だ。

ただ「一物」の自我の世界を一度は打破せざるを得なくなるときが必ず来る。必ず行き詰まる状況に追い込まれるように、人生はできている。立ち止まり、「どうしたらいいのか。このままの自分ではダメだ」という声が心の奥底から聞こえてくる。

その「心の呻き」の声は、実は「無一物」の世界から発せられてくるのだ。そう信じて、真実の声をあなた自身心して、自ら聞くしかない。聞くことができると、その声に応じて人生を歩くとき自己は改革される。いかに食べるかという生活だけでは、人間は納得できる人生を送れない。

7 切っ風のいい負け方

——「風流ならざる処《ところ》也《ま》た風流」のチカラ

臨済宗の開祖、臨済禅師《りんざいぜんじ》が師であった黄檗《おうばく》のもとで修行していたときのこと。三年経っても修行も進まず、自分は修行をやりとげる能力がないと希望を失いそうになったとき、先輩に言われて、仏法のギリギリのところとは何か、師に問えと教えられる。

三度行って、三度も痛棒《つうぼう》を食らった。なぜ質問して、打たれるのかさっぱりわからない、臨済はどうにもならぬ深い疑《ぎ》団《だん》のかたまりになり、泣く泣く師の元を去ることになる。

実はこの痛棒が臨済をして「本来の自己」を覚醒させてくれる黄檗の大慈悲心であったのだが、まだそのときは臨済には自覚の機縁が熟さなかったのだ。

この黄檗の指導をほめて、後に白雲守端《はくうんしゅたん》という禅僧が漢詩を作っている。その七言絶句の最後の句、結句に出てくるのが「風流ならざる処也た風流」である。

その意味は、臨済が師の痛棒を受けて、痛棒の意味が分からず、追い詰められ途方にくれた様を詠っているが、打たれたときはトコトン打たれたらいい。己の無力にうずくまり涙したらいい。負けっぷりは中途半端がいちばん悪いというのである。

負けて悔しくて悔しくて煩悶することが深いほど、その過程で、今まで背負っていた知識や経験を、それらにこだわっていた分別や感情が根こそぎ大掃除されるのだ。そうなると、何かの機縁にふれて自ずと新たな世界が開けてくるというのである。

人間は失敗を犯すものだし、艱難《かんなん》に出会い戸惑《とまど》い、落ち込む。時には挫折することだってあるのが人生である。それは理屈ではわかっているつもりだが、自分の人生を

振り返ると、思わぬことが起きて不平や不満のかたまりになったり、迷い苦しんだり、さまざまな失敗や過ちを犯した歴史であったな、と述懐せざるを得ない。

チャーチルは五十代のとき、第一次世界大戦で、戦略の失敗を犯したとされ海軍大臣であった彼だけが責任を問われて、政界から追放されてしまう。雌伏《しふく》の十年を過ごさざるを得なかった。彼は学生のころは劣等生に近く、その意味では青春も失敗の連続であった。だが第二次世界大戦では厳然として指導力を発揮し、国家を救った英雄とされたチャーチルは、彼の人生を彷彿《ほうふつ》させる至言を残している。

「成功とは、失敗に失敗を重ねてもなお情熱を失わないことだ」

（『チャーチルに学ぶリーダーシップ』　スティーヴン・F・ヘイワード）

人生がさまざまな失敗や困難の連続なら、問題は困難や失敗の苦痛をどう受けとめるか、ということである。

現代の日本人は極力、失敗を避け、恐れる風潮が強い。失敗を恐れるのは当然だ。失敗したら本人のダメージも大きいし、もし会社の仕事なら、その損失にもなりかねない。でも安全ばかり追求して、失敗を過度に恐れ、失敗した者はもう能力を認めないとか、敗者復活は許されない状況になってしまうと、人をして前向きにトライしてみようという意欲を弱めてしまう、いや奪ってしまうのではないか。それに失敗のおかげで今まで気づかなかったものごとを発見する可能性も減少するし、失敗から得られるさまざまな教訓を学習するチャンスは間違いなく奪われるにちがいない。

ところが人生は無難で順調なのがよくて、困難はないほうがいいと思う人も多いのが現実である。親もわが子ができるだけ苦労しないように配慮する意識がとても強いのが現代だ。部下にあまり負担をかけないほうがいいと考えている上司も多いようだ。それでは、不都合なことによって磨かれる忍耐やものを見る知力も育たない。

禅は失敗も困難も仕事や人生における悪だと一方的に決め付けることを嫌う。そう決め付けると、なによりも心の働きが不自由になる、自在に働かなくなることをもっとも嫌う。この「風流ならざる処也た風流」という禅語は、人生の失敗や逆風に遭遇したり、恥をかかされてプライドを損なわれるような目にあったとき、それをどう受け止め振る舞ったら自分の気力を再生させ、一回だけ上演される人生舞台を後悔なく演じきれるか、を教えている。

努力に天は無関心ではない

現代では稀《まれ》になってしまった徳・知・勇の三徳がそろった経営者がいた。その人の名は藤原銀次郎。かつて経営破綻の危機にあった王子製紙の再建をはかり、それどころか後に業界のトップにのし上がる。請われて政界入りし商工大臣、国務大臣も歴任し、現在の慶応大学工学部を設立し、優秀な技術者を育てるという夢を実現した。

三井物産で支店長の時代に、この人もなんとも腹に据えかねるような仕打ちを受け、失意のどん底で煩悶《はんもん》した苦い経験をしている。その経験から、翻然《ほんぜん》と人生の真理を悟ったという。

三井物産の台湾支店長の任務を終えて、ようやく東京の本社勤務になって喜んでいたのも束の間、すぐに北海道の小樽支社に行くよう命じられる。暑い国からいきなり日本でも寒さの厳しいところに行かされる。これでは左遷《させん》じゃないか、藤原は頑《がん》として拒絶する覚悟でいた。しかし並々ならぬ恩顧をうけた上司から、「いつ死ぬとも分からない体である。ただ気がかりなのは北海道の木材だけだ」と切々と請《こ》われ、会社や重役への不平不満に揺れ動く思いを背負ったまま北海道に行く。

その支社の木材事業は不振を極め、赤字を重ねていた。その支社内には怠慢と乱脈の空気が淀んでいた。失敗するに決まっている状況で、彼は悩みぬく。悩んだ末、大いなる反転をした。藤原はいやしくも会社の飯を食べる以上、愚痴を並べて傍観者になっていてはいけない、とようやく腹がすわる。それ以後、不眠不休で血が出るような努力を重ね、転任後二年目にはその甲斐あって事業は立ち上がり、黒字に転じていった。それが王子製紙を復興させる縁となっていく。後に藤原は昼夜を分かたない努力に対して、「天は決して無関心ではありませんでした」と語っている。

さらにこうアドバイスしている。

「人生という長い行路には、癪《しゃく》にさわること、不満の起こることがあり、幾多の艱難があるのがこの世界の常で、平坦な道ではありません。

それゆえ苦しみを忍び、辛きに耐え、不満を制し、しかも急がず慌《あわ》てず、正直に着実に世渡りをしてこそ、光明の輝く彼岸に達せられるのであり、人生の成功者ともなりうるのでありまして、いったん不快なことがあっても、いたずらに不平を言ったり、不満を持ったりしては到底向上発展はできないものであります」（『私の経験と考え方』）

苦境に徹底的に負けたからよかった

つまり藤原は困難に打たれ、勝ち負けなんかどうでもいい、失敗したっていい、そんなことはどうでもいい、今与えられている場に全力投球するしかないではないかと、この艱難に腹を据えてしまったのである。思うに、ここまで決定する過程のなかで、藤原は不平不満の汚泥《おでい》にもがき、将来の自分の行く末に光を見出せず、もう自分にはなす術《すべ》がない、と絶望に沈んでしまいかけたに違いない。

でも徹底的にその苦境に叩かれ不細工な様を隠しきれなかったから、よかったのだ。苦境から要領よく逃れようとしたら、人間の復元力は出てこない。そのおかげでエリートである格好良さなど構っていられなくなった。余分な思いや感情が掃除され、結果など考えず、ただただ努力する胆力《たんりょく》とあらんかぎりの智恵も生まれて、自ずと彼の人間性も陶冶《とうや》されたのだ。

中学校のとき、Sという変わった理科の教師がいた。生徒が宿題をやってこなかったりすると、本を頭の上十五センチくらいの高さに持ってきて、パッと手を離す。すると本はその生徒の上に落ちる。すると「わしがやったんじゃない。引力が悪い」と平然と嘯《うそぶ》いたものである。理科の法則を使って生徒を怒るのであった。でももうひとつ忘れられないことがあった。あるとき生徒に質問され、答えに窮して、「きみ、右手を上げて見たまえ、次に左手を上げてみたまえ」と変なことを言い出した。言われた生徒も両手をあげながら、意味もわからず困惑したような顔をしていた。

先生は「それをお手上げと言う。人生にはしばしばどうにもならないときがある。そんなときは両手をあげてお手上げだと宣言してしまうといい。それは恥ずかしいことじゃない。その開き直りから不思議な力が出てくるんだ」と言われた。まさに「風流ならざる処也た風流」の端的な行動ではないか。かつてこういう教師がいたことは幸せであった。

8 心が曲がってくると、孤独になる

──「直心《じきしん》」のチカラ

直心とは『維摩経《ゆいまぎよう》』の「菩薩品《ぼさつほん》」に出てくる言葉である。

光厳童子《こうげんどうじ》が修行する場所を探して、喧騒の毘耶城を出ようとすると、城外から帰ってきた維摩居士《こじ》に出会う。「どちらから来られたのか」と聞くと、「道場からだよ」と維摩は答える。「道場って、どこにあるのですか」

光厳は静かな場所こそ自己を見つめる道場であって、城の中にはそれに適したところはないと思い込んでいたのだ。すると維摩は「直心是れ道場」と答えて、そんな固定観念を打ち砕いてしまった。

つまり直心とはものごとをありのままに純粋に、素直に受け取る心のこと。

この素直な心を磨く心は道場に限られず、生活の場でどこでも可能ということである。


「あなたの心は右利き、左利き」と聞かれたら、あなたはどう答えるだろうか。

檀家のあるお宅で、姑さんが亡くなって、お葬式のあと、嫁さんが挨拶に来た。いろいろ話をしているうちに、姑とのやり取りが話題になった。姑さんも八十五を越えたころから、失禁《しっきん》するようになり、仕方なく嫌がる姑にオムツを当てるようになったという。嫁さんもパートで朝は忙しい。時々姑はオムツを素直に付けさせない。

わがままを言う姑に思わず、「お婆ちゃん、あなたはずいぶん根性が曲がっていますね」と口走ってしまったという。

しまったと思ったが、もう遅い。すると姑は意外な質問をして逆襲してきた。「わたしの根性、どちらに曲がっているというのかい」

まさかどちらに曲がっているなんて、予想もしなかったので、「しいて言えば、右に曲がっていますよ」と口からでまかせで答えた。どう姑は反撃するか、と思いきや

「ふーん」と姑は言ったきり何もいわなかったという。

嫁さんは「きっと母はさびしかったんだと思います。それで甘えて困らせたのだと、亡くなってみて気づきました。母が生きているときは、毎日手がかかって大変でした。この忙しいのに、たまにはゆっくりしたい、なんて思っていましたが、いなくなってみると、ああしてやればよかった、と後悔ばかりしてしまいます」と言ってうつむいた。

「あなたもよくやりましたよ。お母さんも感謝していると思いますよ」とわたしが慰めると、ようやく笑みを取り戻した。

彼女の話を聞きながら、なるほど根性にも右利き、左利きがあったのかと、ひとり感じ入ってしまった。

人は年を取るにつれて、素直な心が次第に練れるどころか誰でも頑固になっていくもののようだ。でも、頑固もかわいらしい頑固とかたくなな頑固があるのではないのか。

かわいらしい頑固は初めは意地を張るのだけれど続かない。後悔して、なんとなく遠慮気味の態度をとるようになる。でも絶対にあやまらない、かたくなな頑固はいけない。

わたしも六十になって、娘たちに頑固になったとよくいわれる。果たして、わたしの根性はどちらに曲がっているのであろうか。始末の悪い頑固でなければいいが。

直心を磨くコツ

ところがこの直心を磨くことはなかなかむずかしい。うれしければ微笑む、気持ちが悪ければむずかり泣く。そういう無垢《むく》そのものの赤子が年をとって大人になるにつれて知恵がついて、自分はこうあってほしいという気持ちが先行するようになる。

分別し執着する気持ちに知らず知らず支配されていく。敵味方の白黒をつけないと気がすまなくなる。この単純な二分法思考も困りものだ。本当は敵味方というより、意見が違う人もいるし、合う人もいると考えたほうが気楽なのに、そう受け取らず憎悪を拡大していく。

もうひとつ問題なのが特に完全主義の人だ。

自分はいいことをやっている、がんばっているという思いが強いし、いくらやっても、自分は不充分だ、そういう自分を許せない。相手の努力もなかなか認めない、こういう人は案外自己愛が強い。自分に完全主義的要素があったら要注意である。その分、余計神経疲れして、ストレスもたまる。

そんなときは、人間なんて完璧ではないと考えて、「こんなものでいいんじゃない」とアバウトの調味料の味付けも必要だ。これも心の整理学だと思う。

ただ完全主義の人でなくても、自分の思い込みが強くなるときがある。その通りにいかないと、自分のことをわかってくれないとか、自分は無視されているとか、評価してくれないとか……不安や心配、不満、ねたみ、怒り、恨みのような感情のごみがたまっていく。

あんまりたまりすぎると、「きみ、いいところがあるじゃないか」と褒められても、あの上司は本音を言っていない、とものごとを素直に取れなくなり、ひどくなると曲解してしまうようになる。根性が右折するか、左折するか、ともかく曲がっていく。

でもこれは明らかに人生の損失だ。そんな偏屈な人間が好かれるわけがない、伸びるわけがない。

だから普段から心の掃除や整理をしていかなければならないと思う。

過去の念は継ぐことなかれ、引きずるな

まず自分を見つめて、最近、何かこだわりすぎる傾向があったかどうか、しつこく自分の思い込みを追及していなかったかどうか、チェックすること。人間は自分に甘いから、いろいろな理屈をつけて、自己弁護するところがある。

妻とか子供とか、友人に見てもらうといい。人の意見は、耳に痛いが痛い分当たっているのだ。そして、そういう兆候を指摘されたり、自分で気づいたら、それ以上、「あーだ」「こーだ」と思う気持ちを一度、ストップするのがいい。

これを「判断停止」という。ギリシャの哲学者、ピロンの言葉だ。禅の言葉で言えば、過去の念は継ぐことなかれ、引きずるな、と教える。

大人になると、そういう心の整理や掃除が欠かせなくなる。心が曲がって偏屈になると、会社の現役でも将来、いや近未来において孤独な人生が待っていることは、必然だということを肝に銘《めい》じようではないか。

4章

自由になりたいときの「禅」

——人やものにとらわれない【禅・8話】

1 まず自分のすべきことを淡々とする

——「平常心《びょうじょうしん》」のチカラ

「平常心」という禅語は、唐の時代、師である南泉和尚《なんせんおしょう》に趙州禅師《じょうしゅうぜんじ》が「如何なるか是れ道《どう》（道とは何ですか）」と尋ねると、「平常心是れ道（普段のありのままの心が道である）」と南泉が答えた言句である。

趙州は「還《かえ》って趣向《しゅこう》すべきや否や（どうしたらその道が手に入りますか）」と尋ねる。すると師は「向かわんと擬《ぎ》すれば即ち乖《そむ》く（自分のはからいで求めるとどんどん道が逃げていく）」と答える。

理解できなかった趙州は「擬せざれば争《いか》でか是れ道なることを知らん（道とは

何かという疑問を持って修行しなくてはわからないではありませんか）」とさらに突っ込む。

南泉は親切にも、こう説いた。道はわかったとか、わからないとかいう理屈の世界を超えている。ただ、さらさらと水が流れるがごとく、自分のなすべきことをすれば、そこが道だ。その心境は大空がカラッと晴れ渡り、澄み切っている。もはや良いとか、悪いとか、分別する必要などさらにない、と。即座に趙州は悟りを開いたという。

ところで、ある高校の講師をしていたころ、野球部の学生から「明日から夏の全国高校野球地方大会が始まります。ぼくは捕手なのですが、どうしたら平常心でプレイできるでしょうか」と聞かれた。

わたしが禅宗の僧であることを彼は知っていて、この質問をしたに違いなかった。「うまくやろうとか、ミスしないようにといった考えは起こるよ。でもそんなもの、ほうっておくんだ。ただ球に全力で向かえばいい」と答えた。彼はわかってくれたかどうかわからないが、「がんばってみます」と自らに誓うように強い口調で言ったことが印象的であった。

「平常心」の意味を多くの人が、どんな状況に置かれても、心が全く迷わない、動揺しない境地を指していると思っているようである。だが禅の立場は異なる。

わたしの初めての布施

では禅語の「平常心是れ道」、ありのままの心とはなにか。ありのままの心とは、事《こと》に触れて自分の心に起こる、「楽しい」「苦しい」「つまらない」「面白い」……といったそのままの思いを意味するのだろうか。

修行して一年目であったか。初夏のある日、信者の家に先祖供養に行く。帰り道、ちょうど東寺で毎月の市が開かれ、出店があると知って、東福寺道場に帰る途中、廻り道をして行くことにした。

東寺の山道を歩いていると、向こうから白いステテコとランニングシャツ姿の男がフラフラした足どりでやって来る。どうやら酒に酔っているらしい。こんな男にからまれたら、帰院が遅れると思い、男は右側の出店のあたりをウロウロしていたので、左側を歩くことにした。

　すると、予期せぬことが起こった。突然、彼は方向を変えて、左側に向かって歩いてくるではないか。酔っているから、特に目的なしにこっちへ向かっていると思ったので、急いで右側に移動することにした。

　しかし、その男もわたしの行く方向に歩いてくるのだ。その時になって初めて、わたしがターゲットであることを悟った。

　ついに男はわたしの目の前に立ちはだかった。プーンと酒の臭いをふりまきながら、半分寝たような目つきでわたしを見る。

「おい、あんた坊さんだろう」「はい。そうです」「じゃ、おれの悩みを聞いてくれ」「わたしはまだ未熟だから、できません」というと、「なに、坊さん、あんた逃げるのか」「いや逃げはしませんが、まだ修行中の身ですから」と答えた。「ブツブツ言うな。おれは労働者だ。汗水たらし、いくら働いても毎日、食うのが精一杯」「はい」「今日は仕事をもらえなんだ。明日もわからん。おれは学歴もないから、一人前に扱ってくれないのだ。貧しかったからだ。でもこれもおれの責任じゃない。なんでこの世の中、不公平なんだ」と言う。

わたしが黙っていると、「おまえは聞いているのか」と怒る。「はい、聞いています」

「おい。坊さん、わしはこれからどう生きていったらいいんじゃ」

こちらこそどう返答したらよいのか、考えてしまった。じーっとその男の眼を見つめると、その男は瞬間、目をそらす。きっと気が弱くて本当はやさしい人なんだと思った。誰にも文句や愚痴を言えないから、酒を飲んでうさをはらしているんだ。

わたしはなんといっていいかわからず、頭に浮かんだことを話すしかなかった。

「いくら酒を飲んでご自分の不幸を愚痴っても何も変わらないじゃないですか。今、あなたが与えられた仕事を精一杯やるしかないですよ」と苦しまぎれに実に平凡なことしか言えなかった。

心なしか少し顔がやわらいで、「そうだよな。あんたいい坊さんだね。修行にがんばって立派な坊さんになってくれ。この十円もらってくれ。おれのお布施《ふせ》だよ」と手渡すと、またフラフラしながら去って行った。思わず彼の背に手を合わせた。わたしが説教(?)して頂いた最初の布施であった。

今、できることを無心にする

生涯漂泊した俳人、種田《たねだ》山頭火《さんとうか》も、日向《ひゅうが》地方を行乞《ぎょうこつ》（托鉢）していたとき、突然に質問されたことがあるという。彼の随筆「道」に、こうある。

山頭火が酒をいただいて「ほろほろ気分になって宿のある方へ歩いていると、ぴこりと前に立ってお辞儀をした男があった」。そして次のような問答になる。

『あなたは禅宗の坊さんですか。……私の道はどこにありましょうか』『道は前にあります、まっすぐにお行きなさい』

彼はその即答に満足したのか、彼の前の道をまっすぐ歩いて行ったという。

結局、自分のおかれた状況が不都合と思われたら、不平、不満の思いが次々起こるのは当然である。だがそういう心にとらわれると、その分、前向きに生きる気が失われ、そういう自分に嫌悪感をふくらませていくものだ。

けれどもありのままの心とは、そういうそのときその場で起こった心をそのまま平常心として肯定している訳ではない。

いやなものはいやだし、つらいものはやっぱりつらい。そうした思いはそのままなくすことは難しいから、そのままほうっておいて、今、ここで自分に求められているもの、自分ができることをやるだけでいいのだ。山頭火はさらにこう記している。

「道は非凡を求むるところになくして、平凡を行ずることにある。漸々修学から一超直入が生れるのである。飛躍の母胎は沈潜である」

今、なすべきことに心を向け、まずそれをやれば、それで充分。決して特別のことをやる必要はない。これが「平常心」の初歩的段階。さらに努めていくうちに、いつしかほかの考えがいずれともなく去っていく。自分を忘れて打ち込めるようになる。無心こそ真の「平常心」なのである。

2 屈託なく生きる

――「陰陽不到《いんようふとう》の処《ところ》、一片《いっぺん》の好風光《こうふうこう》」のチカラ

この世の中だって、人生だって、陰と陽・善と悪・是と非・好と嫌といった相対的にみる分別心がなければ、到るところが好風光、なんとも味わい深い世界となるという意味。悟りの境地から見た世界を歌ったのがこの禅語である。

まず、わたしたち凡夫の世界から、この禅語を探求しよう。

世の中は自分の思う通りにならないことは誰でも頭ではわかっているつもりである。

しかし、いざ自分にかかわる問題が起きると、全くものわかりが悪くなるものだ。

昔、修行時代、師である林恵鏡老師が提唱《ていしょう》のとき「泣き婆さん」の話をされたことを思い出す。

あるお婆さんには息子が二人いて、兄が桶屋、弟は傘屋であった。雨の日が続くと、「これじゃ洗濯もできないから、桶が売れない。長男がかわいそうだ」と言って泣く。晴れの日が連続すると、「これじゃ、傘が一本も売れない。弟が困る」と泣いた。お婆さんがある人に相談すると、天気が良ければ、長男の桶が売れていると喜びなさい、天気が悪いときは弟の傘が売れると喜びなさい、とアドバイスした。お婆さんはすっかり幸福になったという。

それこそ心の持ち方で人間は幸福になったり、不幸になったりするということである。

人間には二つのタイプがあるとわたしは思っている。人生はなんて辛いことばかり、つまらない仕事ばかり、きっとうまくいくわけがない、悪いほうへいく、と悲観的に考えてしまうタイプ。

そして、人生はおもしろくて仕方がない、仕事も楽しくていい、なんとかなるよ、うまくいくよと楽観的に考えるタイプの二つである。

弘前《ひろさき》に桜を見に行ったとき、タクシーの運転手さんから聞いた話である。
ある年、東北地方が台風のためにりんごが落ちて、ひどい被害を受けた。ほとんどの農家は「今年は大損害だ。どうにもならない」と絶望的になった。ところがある人は「りんごが落ちて損したが、こんな台風でも落ちなかったりんごがあるではないか」「残ったりんごを使って儲けられないものか」「そうだ。〝受験に落ちないりんご〟として売り出したらどうか」と考えた。

この発想で売り出された商品が評判となり、結構収入があったという。

やはり楽観タイプの方が、ものごとをソフトにうけとめられ、そのゆとりからプラスのアイディアが生まれてくる可能性も高い。できたら何事にも屈託のない楽観的なタイプになりたいと思うが、わたしはどうやら二つのタイプの共存型らしい。

自己評価ではかなりアバウトな人間だと思う。人生こせこせしないで大らかに生きたいと考えてはいるが、人からみたらつまらないことに神経質で悲観的な見方にこだわってしまうところがある。自己改革をしなくてはと思う。

ではなにごとも明るく、屈託なく生きるにはどうしたらよいのか。自分の性分は生涯変わらないものなのか。

何があっても、人生は〝苦〟ではない

学生のころ、ある禅者と議論したことがある。この方は国立大学の文学部で英文学を専攻し、禅寺の坐禅会である老師の提唱を聞いて感化され、出家してしまう。長年、この老師のもとで修行し、禅の道を究めた。大寺に興味なく、山と川のあるところを求めて、地方の山間部の小庵に住した。結婚もせず、檀家もほとんどなかったので、自分で飯を炊き、境内の掃除をして、畑を耕す。雨天の日は英文の原書を楽しむ。夜は酒を飲み、孤座《こざ》する毎日であった。

たまたま縁を頂いて、この人に質問をする機会があった。その当時、わたしは人生の目標もわからず、だらしない生活をしていた。

「人生なんか、先はどうなるかわからないし、自分の能力も限られているから、自分の将来もあまり期待できないですよ」

「なにもやらない前からこの世はおもしろくない、人生もつまらないなんて決めつけるのもおかしいよ」

「ではどうしたら、人生がおもしろくなるんですか」

「人生をおもしろく生きるための方便なんかない。あんたの心が問題だよ」

「わたしの心ですか」

「そうだ。あんたはこの世の中を、人生を、相対的に分別しているからいけない。もっと大きな智慧で見なくてはいけない。自分の都合や私見で見ているんだよ」

「難しいですね。もう少しわかりやすく言ってくださいよ」

「そうだな。世の中は、人生は思い通りにいくものではないということはきみも今まで生きてきてわかるだろう。でもそれはほんとうにわかっているのではないと思う。人間はだいたい、ものごとを考えるとき自分にとって好きか嫌いか、自分にとって是か非か、苦か楽かで判断している。それを相対的見方という。しかも相対的な分別をして、見方が一方にばかり執着してしまう。その心の執着から回復するには、その分別心を一切、捨てなくてはいけないんだ」

学生のわたしには全くわからなかったけれど、そのときなぜか頭に浮かんできたことがあった。この禅僧は、事故に遭って左足を複雑骨折し、片方の足が短くなった。この人は短いほうの足には下駄を履き、長いほうの足には草履をはいて、左右のバランスを調整して、どこへでも行かれた。

後年、わたしも禅僧の端《はし》くれとなって、この人の話がようやくわかった。つまり、この人は事故に遭ったけれど、人生を苦と決めつけなかった。悠然とその不自由をそのまま受け入れて、全く臆《おく》することなく飄々《ひょうひょう》と生きぬかれた。

今でもこの人との問答と下駄の話はわたしにとって忘れがたき思い出となっている。禅は理屈じゃない。まさに「陰陽不到の処、一片の好風光」の世界にこの人は生きておられたのだと思う。

そうそう、この禅僧のことでもうひとつ心に残ったことがあった。なにかものを持っていくと、どういうわけか、いつもお勝手で料理をしていた。「つまらないものですが」と差し出すと、「そうか、今、手を離せないから、そこへ置いていってください」とぶっきらぼうに受けとられた。

決して「ありがとう」というお礼を口に出さなかった。でも不思議なことに、短気なわたしなのに不愉快ではなかった。

一切の分別心のないこの人の立居《たちい》振る舞いはなんとさわやかであったことか。もうすでにこの人は世を去った。なにもこの世に残さずに。それもよかった。とうていこの人の境地には六十を越えた今も届かない。でも、この人の境地の三〇パーセントでも、心がさわやかになれたらいいと思うのである。

3 とらわれない生き方

——「行雲流水《こううんりゅうすい》」のチカラ

「行雲流水」という禅語は、大空を行く雲のごとく、渓谷や大河を流れる水のごとくとどまらず一所不住《いっしょふじゅう》で自由に生きることを体得した境地を意味する。現代のフリーターのように、浮き草のように放浪したりすることではない。かつて修行僧は一ヵ所に定住せず、道を求め、師を求め、諸国を遍歴して自己探求練磨《れんま》の旅をした。そこから「雲水《うんすい》」という言葉が生まれた。

さらにこの一句にはある願いが込められている。雲が自在に形を変化し、風のまにまに悠々と空に遊び、雲はどこにもとどまらず無心である。また水はどんな形の容器に注がれても、その形にぴったりと添《そ》う、柔軟さがある。水はいくら障害があってもたじろがず、それにさからわず、とらわれず流れる。禅僧は執着のない生き方を雲や水のたたずまいに学んできた。

振り返って、日常のわたしたちはどうか。さまざまなものに執《とら》われていないか。地位、名誉、学歴、容姿、金銭、権力、経歴……を鼻にかけたり、こだわり、縛られ、人の意見を素直に聞けなかったり、客観的に判断できなかったりしているのが現実である。

今日、交通も物流ものすごいスピードと量で行われている。通信も世界中網羅され、あらゆる情報が瞬時に行き渡り、しかも氾濫している。

その結果、従前の価値観や組織がものすごい勢いで解体を余儀なくされ、会社であれ、仕事であれ、家庭であれ、人間関係であれ、さまざまな形で、とんでもない変化にさらされているのが現代だ。

そういう時代に、ものごとに対応するとき、今までの既成概念とか、前例や常識をはめ込んでこだわっていると、いくら考え議論してもなかなか決断を下せず、そのときそのときに柔軟で適切な手を打てなくなってしまうものだ。「行雲流水」は古くさいどころか、いちばんホットな思考法なのだ。

肚がすわると人生は好転する！

友人が、ある私学の高校の校長をしている。少子化やさまざまな要因があって生徒募集でほんとうに苦労している。経営状態が悪化し、その改革のため、思い切った対策をしようとして教職員会議で訴える。「そんなことは今までやったことはない。失敗したらどうしますか。教育は経営とは違う」と反論されるばかり。「ではあなたにはどんな方法があるのか」と聞くと、「それは管理職が責任をもって考え、提案するものですよ」と答え、肝心なところですーっと逃げるばかりという。

職員と管理職が一体となって、抜本的な対策を決定し、行わない限り、学校の存続は不可能だ。ところが教職員はついてこない。彼は苦しい胸のうちを語ってくれた。

現代こそ雲や水のように、こだわらず、とどまらず、かたよらず、柔軟で自由な考え方や生き方が求められているのである。「行雲流水」の考え方や生き方を学ばないと、自分も組織も取り残されていくのではないのか。

ではどうしたら「行雲流水」の生き方を学び、実践できるのか。

知人の僧侶が幼稚園を経営していて、財政的に行き詰まり、金策に奔走する日々が続いた。ついに万策尽きてしまう。いつも懸命に働いている先生方や、明るい園児の姿を見て、彼らを裏切るのかと思うと、じっとしていられない。

当てもなく歩いているうちにいつのまにか公園に入っていた。木立の間に、芝生の広場があった。のんびり過ごす人たちを見て、自分は何でこうも苦しむのか。彼は力なく芝生の上に腰を下ろして、所在なくゴロンと寝転んだ。その拍子に空を見上げたのだ。

まぶしいばかりに太陽が輝き、どこまでも広い空に、雲が風に吹かれて、ゆったり動く。それを見つめているうちに、「行雲流水」という禅語が浮かぶ。「雲の如く、水の如く」か、忘れていたな、「この心か」と思った。何か気持ちが少し和《やわ》らいできた。

銀行が金を貸してくれない、業者が借金を待ってくれない、くよくよしている自分がすごく小さく思えてきた。

やれるだけやって、つぶれたらそれは仕方がないじゃないか。またゼロから始めたらいいじゃないか、そう肚が据わったら、なんだか気持ちが軽くなってきた。彼は立ち上がり、意を決して再び金策に向かった。次の日、援助してくれる人が見つかり、それからうそのように好転して、おかげで廃園せずにすんだという。後で聞いたそうだが、援助してくれたある人が「厳しい状況なのに、あの明るさはすばらしい。なんとかしてあげたい」と思ったという。今にも死にそうな顔をした、暗い人なんか信じる人はいない。そんな人に貸す人はいないに違いない。

宮崎丈二に「雲」という作品がある。

お丶空よ
限りもなく広々した大空を
悠久な時の流れか
一片の雲が
静かに流れて行く

この詩を読んでいると、現実の生活で、せかせかとあわただしく生きて、なにかにこだわって、前向きになれない、この詩人の苛立ちを感じ取れる。同時に、詩人は雲に向かって、「自分も悠々と、おおらかに生きるぞ」と呼びかけている姿を想像できる。あの園長も雲を見て、己の心境が浮き彫りにされ、おかげで我に返ったのだ。そしてもうひと踏ん張りすると、雲に宣言できたのだ。

この方法で、〝濁った心〟はきれいになる

修行時代、信者の家に般若札《はんにゃふだ》（この世の平和と豊作を祈って、各家に配る札）を持って、正月の挨拶に行った。向日市（京都府）の郊外、小畑川に沿って田園の道を歩いていた。

そのとき、突然、強風が吹いて、あわてて網代笠《あじろがさ》が飛ばないように両手で押さえたため、般若札を持った手が不如意となり、十二、三枚が空に飛んで桂川へ舞い落ちた。あわてて川に飛び降り、水に流されていく札を取り上げた。凍《い》てつく川の水は足と腰の肌を突き刺すように痛かった。ともかく札を拾いあげて、川原に並べて乾かすこ

とにした。

般若札の数は限られているから、もし不足したら罰刑といって、警策（坐禅のとき、肩を叩く柏の木の棒）で左右十六回ずつ叩かれる。

嫌悪感が電流の如く身体にスーッと走る。冬の日は弱い。なかなか乾かず、配布する時間も限られているから、あせる。しばらくいらだち不安の時間が無為に流れていった。なにげなく、川の水の流れを見つめていた。

水が争うごとくどこまでも流れて去っていく。その水のたたずまいを見ているうちに、ハッと感ずるものがあった。水はこのように競い合って流れるからきれいなのだ。もし大岩でもあって水の流れが滞るとやっぱり濁る。

「浄」という字は〝さんずい〟つまり「水が争う」と書くといった人がいた。わたしも浄の心を大切にしよう。いくら今、焦っても、自力ではどうにもならぬ。いくら愚痴を言っても、いらだっても、焦りの心にとどまれば心は濁るんだ。もう自然の流れにまかせてしまえ、とようやく思いが定まった。

釈尊の時代、文字はなかった。釈尊の教科書は触れあう自然であった。

浅い川にさしかかって「大河はゆったり、あせらず、静かに流れる。浅い川はザワザワと音を立てて流れる。人間も心が浅いと少しのことで心が乱れ騒ぐものだ」と教えたという。見事としか言いようがない。現代人は人工のものに囲まれて自然に触れることが少なく、「行雲流水」の教科書を捨ててしまったようだ。

4 ほんとうの自分とは?

——「庭前《ていぜん》の柏樹子《はくじゅし》」のチカラ

禅は「ほんとうの自己」とは何か、という問答が多い。ディスカバー・マイセルフこそ禅の根本といっていい。実はこの「庭前の柏樹子」という言葉は「自己とは何か」という人生の根本問題に趙州禅師が答えたものなのである。

あなたは自分とは何者か、見つめたり、こころに問われたことはないだろうか。「自分は自分だ。特に考えたことはない」、そう答える人もいるかもしれない。現代人はともすると外の世界に関心が向かい、自己の内なる世界に目を向けることをおろそかにしているところはないだろうか。

ところで人生において何かに躓《つまず》いたとき、「こんな自分でいいのか」と考えた経験は誰でもあると思う。その躓きで自信を失いそうになる弱い自分に疑問を持つし、もっと強い自分になりたい、と考えるものである。

そして、弱い自分に満足できない、もっと人間として成長したい、そう考える自分は、あなたが通常自分と思っている自分と同じだろうか。その自分は弱い自分と区別して、もうひとりの自己、「本当の自己」と呼ぶべきではないのか。

唐の末期に趙州という偉大な禅僧がいた。

この人は五十歳のころ、師であった南泉和尚が亡くなり、二年間ひたすら報恩の供養をする。それから行脚に出て禅匠に出会い、自分の力量を試し、さらに磨きをかけた。八十歳で観音院の住職となる。百二十歳まで弟子や信者の接化《せっけ》（教え導くこと）をした。まさに人生の酸いも甘いも知り尽くした禅師である。この禅語は『趙州録』に出てくる。

ある僧が「如何なるか是れ祖師西来意」と尋ねる。「祖師西来意《そしせいらいい》」とは、達磨さんがインドから中国に何しに来たのか、という問いである。達磨は、禅の根本の教えをインドから中国に伝えにきた。禅の根本とは、「本当の自己」に目覚めることにほかならない。結局この僧は、「本来の自己とは何か」と問うたのである。すると趙州は「庭前の柏樹子」と意外な回答をする。庭先の柏の木は、観音院にたくさん生えていたという日本でいうビャクシンという木のことのようだ。そうするとその僧は、「和尚、境を将《もっ》て人に示すこと莫《なか》れ」、外にある物で示さないでほしいと質す。師は「我れ境を将て人に示さず」と答える。僧は再び「如何なるか是れ祖師西来意」と迫る。趙州は「庭前の柏樹子」と応じる。この僧は「本当の自己とは何か」と質問して、庭先の柏の木という物、と外境で趙州が答えたから、心がそんな物質とは無関係と思っているから、同じ質問を繰り返さざるを得なかった。

思いが強すぎると不満が出てくる

もちろんいくら禅問答が荒唐無稽なことを言うといっても、ほんとうの自己イコール柏の木だというのではない。本来、公案は説明したり、解釈するものではないが、それではここでペンを置かなくてはならない。そこで心情的、人生論的に説くことにする。

まず八木重吉の「桜」という詩を味わうことにする。

きれいな桜の花をみていると
そのひとすじの
気持にうたれる

桜の花は誰かに評価されたくて蕾《つぼみ》を開き、咲くのではない。ただひたすら咲いて、時が来れば潔《いさぎよ》く散っていく。重吉は、ひとすじに咲き潔く散る桜の生命を自分の生命に重ねて感銘している。そのとき重吉は、誰がなんと言おうと自分もひとすじに生きなくてはと心の底から思っている。重吉は重い結核を病んでいた。もし重吉の心に、「病気は治らないのか。人と比べて自分は惨めだ」「なにもいいことがない人生だった」「自分が亡くなったら家族はどうなるのか」など様々な感情や思いが詰まっていたら、そのひとすじの生命に感応することはなかったはずだ。

わが思いばかりだと、不満や不平が出てくるが、こうした思いがないとき、心が空っぽだから素直に触れ合うものとひとつになれる。自分と同じ生命を生きていることに感応することができる。「本当の自己とは」と問われて、「庭前の柏樹子」と趙州が答えたのは、「あなたの本当の自己は遠くになんかにない。庭前の樹木の生命を自分と同じ、大いなるいのちの現れである生命を懸命に生きていると受け止めることができる、あなたのその心こそ尊い本当の自己なんだよ」と教えているのだ。

わたし自身、五十七歳のとき、重い自律神経失調症になって苦しんだ。夏になって眠れず、食べられず、どんどん体力が失われていき、仕事に向かう気力も全くといっていいくらいに喪失していった。すべて仕事もやめて毎日ボーッとしていた。少しもよくなる兆候が見られない。身体が自分のものではない感じがした。

耐えがたくけだるい毎日に、次第に死を覚悟するようになった。重吉の苦悩がよくわかるのだ。

この年は酷暑が九月末まで続いた、異常な年であった。毎日、三十度を超す日々ばかりであった。

ある日、所在なく居間のソファに座って、なにげなく庭に目をやると、一本の赤い小さな花が見えた。こんな酷暑によく咲いている。その凜《りん》とした可憐な花の生命力に胸が打たれた。

あの小さな花の生命力を少しでもいい、分けて欲しいと思った。次の日も次の日も、その花が咲いているのを確認しないではいられなかった。三日目であったが、あんな小さな花も生き抜いている。自分が今、生きていることも確かではないか。だったらなんでもいい、なにかできることをやってみよう。そんな思いが起こった。

読書しかない。なんでもいい、一冊の本を手に取って開き、文字に目をやったが、一行も読む気力がない。しかしなんとか一行を読む。それから毎日、一行二行と遅々たる歩みであったが読んだ。一週間くらいで一ページ読めるようになったときはうれしかった。

涙がこぼれた。

かすかな生命の灯火《ともしび》が見えたような感じがした。その日から少しずつ病気は回復に向かっていった。

思えば病いに冒《おか》されて、あの小さな花と出会った。あの小さな花の生命力に感応した心とは何であったのか。不安や絶望に支配された自分だけが自分の心であったら、花の生命に感応できなかったのに違いない。

つまり、わたしのもうひとりの自己が働いて、小さな花の生命を感じることができたのだ。わたしを再生してくれたもうひとりの自己こそ「ほんとうの自己だ」と確信できる。だから、山田無文《むもん》老師が「花を見て、微笑できる心こそ禅だ」と言われたことがよくわかるのである。

あなたは一輪の花を見て、心から微笑むことができるだろうか。もし花を見て「美しい」と感じるゆとりがなかったら、あなたの心がわが思いという妄念にかなり占領されていると思っていい。

今日、わが思いで自分のことで生きることが精一杯、自我がぶつかり合う冷たい社会になっている時代だからこそ、本来、誰でも人間を再誕してくれる「本当の自己」を持っていることを再発見してほしいのだ。

その自覚があれば、触れ合う人も自然も同じ生命を生きていることを感応できる。相互に生命の点火がなされたら、社会の空気は変わっていくと信じる。

5 真理は言葉で表わせない

——「語言は説き尽すべからず、説き尽せば、すなわち機密ならず」のチカラ

五祖の「四端」の三句めの言葉である。あまり説き過ぎると、かえって言葉の持つ働き、言葉の真意がわからなくなったり、伝わらなくなるというのである。禅では不立文字《ふりゅうもんじ》・教外別伝《きょうげべつでん》といって、真理の肝心なところは言葉で表せないし、伝えることはできないとする。だが決して言葉の力を否定したわけではない。禅の祖師方の語録が膨大にあることを考えてもわかる。

修行道場に入門して、初めて道場の師家《しけ》林恵鏡老師に相見《しょうけん》（面会）したとき、頂い

た言葉は極めて短い。「おまえさんはいつまでおるか分からないが、一日一日を大事にして修行しなさい」という言葉であった。そのとき不遜にももっと心に響く言葉を言われるのかなと期待していたので、少々がっかりした。しかしこの言葉の重さを次第にしみじみ考えさせられることとなった。

禅宗の修行は朝起きてから寝るまで、すべて修行の項目が決まっていて、ほとんど自分の自由時間などない。それまでのんびり勝手気ままに生きてきたわたしには耐え難い日々となり、一日一日を何とかやり過ごすしかなかった。一日を大事に生きるとはどう生きたらよいのか。

自分の自由にならない時間の連続だから、主体的に生きることはできない。大事に生きるなんて無理だ、そういう疑念ばかりが心を支配していた。

でも考えてみたら、修行道場を出て寺に帰っても、寺には寺の仕事があり、自分がいつも自由に時間を使えることなどありえないはずだ。そう思ったら、与えられた時間を、どう受け止め、どう自分を活かすか、それこそ日々を大事に生きることではないのか、そういう思いに至った。

ではどう活かすか、という、とても大切なテーマの回答は「十二時を使い得たり」

という禅語で探求するから、このテーマにはこれ以上、深入りしないことにする。

ここで言いたいことは、もし老師が「一日一日を大事に生きる」とはどういうことか、わたしがすぐ理解できるレベルで説明されていたら、これほどわたしがその意義を深く考えることはなかったにちがいない、ということである。

きっとわたしが道場に来て、ここで修行に徹しようと未だ決心せず、ふらついているわたしの心を即座に見抜かれ、ただの忠告でなく、わたしという人間をこの言葉と対決させ、自分の頭で考えさせ、悩ませて、作務《さむ》（勤労）とは何か、坐禅とは何か、人生とは何か、自ら解答を出すことも禅の修行だと悟るように、老師は慈悲心からこの短いフレーズをわたしに与えてくれたのだ。だから、四十年近い歳月が流れても、昨日のことのように時空を超えて師の声が耳元に聞こえてくるのだ。

言葉の機微、心の機微

松下幸之助は部下に、仕事の話をした後、必ず「あんた、どう思う」と聞いたという。説けるところまで説いて、後は相手に考えさせ、気づかせる余地を残す。松下も言葉の機微をさすがに心得ているなと、感心した。

トップに立つ人間は部下に仕事をさせるだけでなく、その能力を育てることが求められる。部下が自分で気づいてこそ与えられた仕事に主体的に打ち込む気力も生まれ、その才能の開発も自らなされるからである。

わたしなどはホールのスタッフに仕事についてこと細かく言ってしまう。妻にいつも、「言い過ぎよ」と言われ、ブレーキがかけられなかった自分をいつも後悔してしまう。微《び》に入り細《さい》を穿《うが》って説明したら、相手はそれだけこなせばいい、と受け止めてしまうかもしれない。言葉の機微は人間理解から生まれるとすると、わたしはもっともっと人間観察をし、洞察を深めなければいけないと、肝に銘じている。

では師として弟子の、上司として部下の心境をどのように観察したらよいのだろうか。師はこうあるべきだとか、上司は部下にどう対応したらよいのか、さまざまな師論や上司論がこれまで述べられてきたに違いない。この本でもいくつか取り上げた。

それぞれ意義があることはまちがいないが、実は言葉には限界がある。その弟子、その部下、それぞれ皆違う人生と価値観を持ち、性格も異なるから同じ言葉でも対応が違う。すべての人にぴったり当てはまる言葉はない。いくら名言でもそのまま使ったのでは借り物だから、いくら言っても効果はあまりないのではないか。

結局、師は自分を忘れて、弟子と心がひとつになる、上司は自分を忘れて部下と心がひとつになることが基本ではないのか。自分の思いがあるから、弟子の、部下の心境を色眼鏡で見ることになる。それでは相手の心は見えない。

わが師も松下幸之助も自分の力や実績、そして地位などにとらわれず、ありのままに相手を観察するように努め、その弟子、その部下に短からず、長からず、適切な言葉を与えたのではないのか。言葉のコントロールができる人は、人生の達人と言ってよい。

6 〝肩の力を抜く〟という、人生のコツ

──「自在」のチカラ

自然体になるにはどうしたらよいのか、それを体得したら、どんな働きを得ることができるのか。臨済禅師の師、黄檗希運禅師《おうばくきうんぜんじ》は『伝心法要《でんしんほうよう》』のなかで、実に端的に回答している。

「但《た》だ自から心を忘じて法界《ほっかい》に同ぜば、便《すなわ》ち自在を得ん。此れ即ち是れ要節なり」

黄檗は自然体とは、心に浮かぶ雑念を空《くう》じて（空っぽにして）、触れ合うものごとや人とひとつになることだという。

「年を取ってどこが変わったか」と問われたことがあった。「多少ものごとにも人にも、肩に力がそう入らなくても対応できることかな」という言葉がスーッと口から出た。

若いころは、仕事にも人にもなにか肩に力を入れてしまうところがあった。最近になって、ようやく力を抜いたほうが仕事も少しはましなものになるということが分かってきた。残念ながら、いまだに自然体にはなれないでいる。

作家、岩川隆はある出版社が発刊する週刊誌の記者となった。新米ほやほやの記者がいきなり当時の富士製鉄社長、永野重雄にインタビューをすることになった。偉い人物に取材するというので、取材前から緊張で身体がこわばってしまった。案の定、さんざんなできで、何を質問したのか、何をメモしたのかも覚えていなかった。

三十分の取材を終えた後、冷や汗をかきながら出てくると、秘書室長であった武田豊（後の新日鉄社長）が、言葉をかけてくれた。武田は同席してインタビューの一部始終を聞いていたのである。「わたしは弓をやっているのですが」と、弓道の心をさりげなく語りはじめた。「弓矢は、自然体でなければ当たらんのですよ。自然体を学ぶために弓があるようなものなんです。躰のどこの部分にも不必要な力が入っていると駄目です。力を抜いて自然体になったとき、ほんとうの力が出るんですね」

その時、岩川はピンとこず、武田の言葉の価値を見出せなかったから、ほとんど気にも留めなかった。それほど緊張していたのだ。ところが取材を続けるうちに、折に触れて武田の言葉を思い出すようになり、それがついには取材だけでなく、人生の生き方の要諦《ようてい》であることを確信するようになる（『私の好きな言葉』講談社）。

わたしも三十代、「不二」という同じ宗門の情報誌を年四回、青年僧仲間と発刊し、全国の臨済宗の寺院へ郵送した。そのため、宗門やさまざまな業界の一流の人に会い取材をした。だから岩川の心境がよくわかる。

人に出会うとき、相手が偉い人とか、それに比べて自分は若いし未熟だとかいうさまざまな思いや、その方の世界を自分はよく知らないから、見当はずれの質問をしたら笑われるのではという心配も起こったりして、次第に肩に力が入ってしまうものだ。

頭の中がつぎつぎ起こる雑念でいっぱいになると、余裕がなくなり、聞く力が実に不自由になってしまう。そうなると自分の素直な気持ちで聞けなくなるから、聞くべきことを落としたり、いま一歩、深く聞き出せなかった苦い経験を何度もした。自然体で取材できたら、と何度も思ったものだ。

取材の醍醐味とは自然体にあり

黄檗《おうばく》の「自在」の心にもどろう。取材するとき、「自から心を忘じて法界（思考の対象となる万物）に同ぜば」すなわち用意した質問も大事だが、それより相手の気持ちとひとつになるように素直な心でまず向き合うことだというのだ。

そういう心境になると心にさわりがないから却《かえ》って、心に自在な働きが生まれるというのである。これこそ禅の要だ、と黄檗は教える。

だが、そんなことが簡単にできれば誰も悩まないはずだ。岩川も「私自身の体験を重ね、苦しんだり悩んだりするうちに、ついに（自然体が）私のものになった」と、如何に自然体になることが容易ならざることかを告白している。

わたし自身も自分をかなり空じることができて、自然体に近づくには取材を何度となく積み重ねなければならなかった。時間がかかった。言うまでもなく、初めて会う取材相手の経歴を調べ、その方の著書を読み、取材の趣旨に応じて、いくつも質問を考え、相手から何を引き出したらよいのか、ノートにまとめる。一緒に取材に行く人と何度も打ち合わせもした。そういう準備や下調べをいくらしても、どうにもならない不安と緊張があったが、その分、時間を注がざるを得なくなり、異分野の学習もできた。

そして取材が終われば、納得できない取材に後悔することもしばしばであったが、未熟なりに取材でさまざまなことを学ぶことができたし、さらに相手の人柄に触れて、心が豊かになったし、生きる力を鼓舞されたことも多かった。相手の仕事の、人生の深い洞察から生まれる、生の箴言《しんげん》を聞くことができたことはまさに取材の醍醐味であった。

三十六歳のころであったか、日本の最高峰といわれた仏師、松久宗琳に「若いときの作品は年を取ってから見たら、未完成に思われますか」と質問した。すると松久は「その時その時みな完成した作品である」と予想もしない答えが返ってきた。帰り道、この言葉が脳裏から離れなかった。作品の完成とはなにか。それよりも如何に制作に純一《じゅんいつ》に打ち込んだか、そのことが大事で、その作品自体の完成度とは無関係ということなのか……いまだにわたしには結論は出ていない。

やはり松久であっても、若いときは仏像を彫るのに、いいものを作りたいと、相当肩に力が入ったのではないのか。おそらく余分な思いを背負ったまま彫り、次第に木《もく》彫《ちょう》に打ち込んでいくうちに我を忘れていったのだ。長年の作仏の修行の陶冶《とうや》の中で、「ほとけさまを迎える」という、自我を超えた自然体で彫る心境を自分のものにしていったのではなかったのか。

歯がゆい思いをしてこその進化

だから初めは〝不自然体〟でも、それをバネにして次第に人間が練れてくれば、自ずと肩から力が抜け落ちて、本来持っている自在力が働き始めていくのだと思う。つまり自然体になるには経験と時間という自我をろ過する装置が不可欠なのだ。

若いとき、未熟なときは、なかなか自然体になれず、歯がゆい思いもするかもしれないが、それも取材に、人生に真摯に向かっている証拠であり、自然体になる進化のプロセスなのである。

さらに言えば、いま自分がいる不自然体のステージにいることは当然だし悪いことではない、と開き直ってしまうことである。そう思うだけでも肩から力が三〇パーセント、五〇パーセント抜けるのではないのか。そうなればしめたもの。

さらに経験を積んでいけば、道元の「自在といふは、心也全機現なり」（『正法眼蔵』阿羅漢）という、真に自然体の世界が露顕してくるに違いないとわたしは信じている。

7 「もし、あなたが亡くなったら……」

――「光明」のチカラ

釈尊は阿難《あなん》尊者から「あなたが亡くなったら、わたしは何を心の拠《よ》り所に生きたらよいのか」と尋ねられると、「自らの灯火を拠り所とせよ。わたしが説いた教えの灯火を拠り所とせよ」と答えられた。誰でも本当の自己と呼ぶ灯火、「自《じ》灯明《とうみょう》」を持っているが、わが思いを日々溜める我執の塵に埋もれている。自己の本来の灯火（＝光明）を輝かせて、足元を照らして人生を歩めばよい、というのである。

朝比奈宗源《あさひなそうげん》老師の『一転語《てんご》』にも、こんな言葉がある。

「女の人の化粧とは、廻り灯籠《とうろう》のようなものだ。真ん中に一本のローソクがともらなければ、奇麗な影絵も廻りはせん」

自らの光明に気づかなかったら、いくら外観を着飾ってもいくら知識があったとしても光明は輝かないから、ちょうどローソクの灯火がない提灯のようなもので、人を引き付ける魅力は生まれない、と老師はいうのである。

唐の時代に活躍した雲門禅師《うんもんぜんじ》にもこんな問答があった。「人は誰しもが本来の自己と言う光明を持っている。見ようとすると即座に見えなくなり、まっくら闇になってしまう。では皆が持っている光明とはなんなのか」と弟子たちに迫る。しかし誰も答えなかったので、雲門自ら「それは台所か門だよ」と答えたという（『碧巌録《へきがんろく》』第八十六則）。

この雲門の答えは実におもしろい。ではいったい光明と台所とどういう関係があるというのだろうか。

味見ができない鍋洗いなんて

帝国ホテルの専務取締役総料理長に昇り詰めた村上信夫、その名をご記憶の方も多いと思う。あのふくよかなお顔、めがねの奥の優しい目差しを見ていると、この方の手にかかったら、食材はどんなものも美味に変わるに違いないと信じてしまったものだ。そんな風貌であった。

そんな彼の人生にも若き日の数々の苦渋があったのである。

彼は十一歳のとき、両親を結核で失う。悲しみの中、学業を諦めて、手に職をつけるしかなく、コックの道を歩みだした。いくつかのレストランでコックの修業を重ねて、十八歳のとき、コックであったら誰でも憧れる帝国ホテルに入ることができた。調理場で与えられた最初の仕事は、鍋や皿を洗い、雑用をこなすことであった。通称を「鍋屋」と呼ばれる係であった。

八年近く修業してきた自負もあり、村上は不満であった。しかし、鍋洗いは先輩のコックの作ったソースの残った鍋を洗うのだから、ソースの味見《あじみ》ができて、その味を盗めると思い、喜んだ。でもその期待は見事に裏切られた。彼らは鍋に洗剤か塩を入れて、味見できないようにしたのだ。

当時、コックの仕事は年齢や経験の年数など無関係で、完全に能力給であった。だから自分が苦労して作ったソースの味をすぐ教えたら、わが身が危なくなる。そんなお人好しなコックなど料理の戦場では皆無であった。もし隠れて味見をしたときはゲンコツの容赦ない制裁が待っていたという。

味見ができないと知って、村上は愕然とし、鍋磨きなんか無駄ごとじゃないか、という気持ちが心を占領し始めた。しかも給料は五分の一にダウンしたから、これでは妻子を扶養できない。生活の不安が頭をよぎる。村上は次第に惨めになってきた。「自分は惨めな人間だ」という思いほど生きる気力を失わせる感情はない。実はこの思いは極めて自己中心的な我見《がけん》なのだ。しかし惨め地獄に陥ると、一面しかものごとを見ることができなくなる。自分の非には目が届かない。

だが彼は惨めな感情に被いつくされそうになりながらも、コックになったときの鍋洗いの初心を思い出す。この仕事がわがコックの人生のスタートであった。あのときのように素直な、新鮮な心でもう一度、鍋洗いをしてみようと決意を新たにした。

自分の心を磨いた鍋磨き

迷いに打ち勝つ力が生まれてくると、惨めだ、というわが思いで狭くなっていた心の視野が少しずつ広がっていく。早速、村上は鍋洗いに再挑戦して気づいたことがあった。誰でも鍋の内側はきれいにするが、外側まで磨いてきれいにする人はいない。それには理由があった。コックの下働きはたいへんな重労働で、短い休憩時間はせめて自分を解放して、英気を養う貴重な時間であった。だが村上はめげずに鍋の外側を磨くことを決意する。ただ鍋といっても家庭のものとは違い、大きくて重量があり、しみこんだ油かすをブラシでこするにも手間がいった。懸命に磨いても一日四つが精いっぱいであった。

それでもピカピカ光る鍋が一つ一つ増えていく。二ヵ月後、二百もの鍋を磨き終わったころ、村上に予想もしない驚愕すべき事態が起こる。ソースがほんの少し残った鍋が村上のもとに回ってきたのだ。誰かが洗剤を入れるのを忘れたのか、味見したら制裁を受けるかもしれない……心は錯綜する。そのとき調理場にいたコックの顔をふっと見ると、目が合って、小さくうなずいて見せた。村上は即座にソースをしっかりと舌とのどにしみこませるようになめた。

その日から、塩や洗剤の混入していない鍋が次々と村上の前に回って来るようになった。我を忘れて一つ一つの鍋磨きに打ち込んだとき、村上の本来の光明が輝きだしたのだ。その光明がコックたちを引き付け、「こいつは根性があるぞ」と村上の存在を認めさせたのに違いない。

村上は料理の極意を尋ねられると、「愛情、工夫、真心」と答える。さらに「コック人生は幸運の連続だった。人にも恵まれた。しかし、それは準備し、努力した結果でもある」

平凡な言い方であるが、この言葉にはまさに村上のあの忘れがたき鍋磨きの汗と涙に染まった苦労が見事に凝縮されている。(『働く意味　生きる意味』日経ビジネス人文庫)

今、自分にできることは何か

村上の体験からも言えるのは、光明は何も特別なことをしなくてもいい、人目を引くために派手なことをする必要もないということである。華やかな夏の一瞬の花火のような輝きは閃光にすぎない。日常生活で、今、この場であなたがなすべきことを誠実になしていく、なしていることとひとつになっていけば、自ずと本来の光明が輝きだす。そのほんものの光明が人生をちゃんと歩かせてくれる。周囲の人の心にも信頼の芽を生むのである。だがただなすべきことをなすことほど難しいことはない。だがこの生き方以外に己を真に輝かせるものはない、とわたしは六十三歳の今も、肝に銘じている。

自分の中には
自分の知らない
自分がある

みんなの中には
みんなの知らない
みんながある
みんなえらい
みんな貴い
みんなみんな
天の秘蔵っ子

「光明」　安積得也《あづみとくや》

8 ただ無心に働く

——「閃電光《せんでんこう》、撃石火《げきせつか》」のチカラ

「撃石火の如く閃電光に似たり」（『禅林類聚《るいじゅう》』六）

火打石を打つと、刹那にパッと火が出る。稲妻がぴかりと瞬間に光るように、禅門ではなにごとにも心にとどめず無心に働くことを尊ぶ。

沢庵《たくあん》禅師はこう示す。

「石火《せっか》の機ということがあります。間髪《かんはつ》を容れずと同じ意味です。石をハタと打つと、瞬間、光が出るが、打った刹那に出る光だから、間も、すきまもないということです。これも心を止める間もないことをいいます」

「止まらぬ心は、色にも香にも移ることがありません。この移らぬ心の体を神とうやまい、仏と尊び、禅心とも極意とも申しますが、思案してからいうのでは、金言妙句でも、分別が止まる煩悩です。石火の働きとは、ピカリとする稲妻の早さを申すのです。

たとえば、『右衛門』と呼びかけると、『アッ』と答える石火の機が不動智です。『右衛門』と呼ばれて、何の用だろうなどと考えて、その分別にたって『何の用です』などというのは、煩悩に止まるものです」

（『日本の禅語録　沢庵』「不動智神妙録」　市川白弦）

呼ばれたら、間をおかず瞬時に「はい」と答える、あーだ、こーだと考えず、スーッと答える無心の働きが大事なのだ。妙心寺の開山、関山慧玄《かんざんえげん》禅師が、雨漏りがしたので弟子たちに「雨漏りだ。何か持って来い」と言うと、ある弟子はそばにあったざるをサッと差し出した。他の者は「そんなもの役立つか」と怒られるかと思ったら、師はとてもほめたという。関山は弟子の石火の機を見てとったのである。

ざるで雨漏りの水を受けることなどできないのだから、常識的に言ったら愚行である。なぜか。うまく説明できないが、こんな昔話がある。

江戸時代であったか、ある旅人が箱根の険しい坂を汗をふきふき登《のぼ》っているとき、財布を落としたことに気づく。道を急ぐのに、また戻るのもかなわないが財布がなければ旅を続けられない。仕方なくあわてて元来た道を引き返し始めた。

すると下のほうから、「誰か財布を落とした方はいませんか」という声が聞こえてきた。思わず「わたしです」と大声で叫ぶ。「よかった。あなたでしたか」とその人は財布を渡してくれた。「助かりました」世の中にはこんな真っ正直な人がいるのかと、うれしくて「ありがとうございます。あなたは恩人です」とただただ頭を下げた。〈そうだ、お礼をしなくては、十両差し上げよう〉と最初、思った。その人はサッサと歩き出してしまう。慌てて追いかけながら、ようやく追いついて並んで歩きながら、〈十両は少し多いかな、五両でいいか〉〈やっぱり二両で〉とどんどん御礼の金額がダウンしていく。結局、二両の御礼をしたが、別れてから彼は申し訳ない気がして心がすっきりしなかった。

欲に心が止まると、感謝の念が薄まる

この話を読んで、読者はどう感じただろうか。最初はほんとうに心から感謝して十両のお礼をしようとした。感謝した刹那は心に余分な分別がない。素直な純粋な心、無心といっていい。ところがいったん欲が起こると欲に心が止まり、感謝の念もどんどん薄まり、自分の思惑に負けてしまう。だから感謝の念がおきたとき、間をおかずサーッとお礼を差し出す、無心の働きは実は仏心、本当の自己からストレートに生まれたものだから行為も清々している。分別に止まる心の働きは止まれば止まるほど、どうしても不自由で、人間味が欠けたものになりがちだ。この仏心に裏付けられた無心の働きは自在で、柔軟で、とても人間味があるではないか。

最後に、石火の機のさわやかなエピソードを紹介したい。宗教哲学者の上田閑照《しずてる》京大教授がドイツに留学していたとき、世話になった下宿の婦人が「日本人には感心した」と語り、とても印象深い話をしたそうである。

この婦人がベルリンの格式の高い家のディナーに招かれた。食事中、その家の娘さんが粗相して、テーブルのコップをひっくり返してしまった。その家庭の婦人はマナーにとてもきびしいことで知られていた。みなはどうしていいかわからず、言いようのない緊張感が漂った刹那であった。ひとりの日本人がそのこぼれた水にサーッと手をあてて、「ああー、気持ちがいい」と言ったのだ。その日はとても暑い日であった。ヨーロッパの家庭にはエアコンがないのが普通だそうで、そういう状況の中でなされた彼の石火の行為はさわやかな涼風となり、その場の雰囲気を和《なご》やかなものに一変させてしまった。彼は長年、禅の修行を積み重ねてきた居士《こじ》であった。

先生は「とっさの場合にポンと普通の枠から離れて、本当に自由な行為ができて、しかもそこにいる人たちのためになるということ。彼女を救っただけではなく、その場にいた人全体の気持ちを解放したわけですね。そういうことができるのがやはり禅の本領だと思います」（『宗教講座集11』花園大学宗教部）と述べられた。

鈴木大拙《だいせつ》博士の言葉で言えば、霊性的な心から生まれる無心からはかくも素敵な働きが生まれる。禅が石火の機を尊重する理由はここにある。

5章

生きるための「禅」

——毎日がもっと充実して楽しくなる【禅・8話】

1 自分一人の力は知れている

――「無《む》功《く》徳《どく》」のチカラ

「無功徳」とは、いくら自分が努力して成果をあげても、その分、評価を求めたり、恩に着せたりしたのでは、自分の功績に執着している訳で、さっぱりだということ。

しかし、「無功徳」という禅語の「無」を単に、否定のなし、功徳なしと読むだけでは決して充分ではない。功徳を求めず、それにこだわらないとき、わたしたちははるかに清々しく生きられるし、活力もどんどん湧いてくるものだ。それを「無の功徳」と呼びたい。

知人が愚痴をこぼした。「自分は会社を変わって、初めてある仕事をまかされた。意気に感じてがんばった。おかげで自分なりに成果を上げることができたと思った。その努力に報われるものがあってもいい、と期待する気持ちもやっぱり起こる。上司にほめられたいとか、あいつは有能だ、と同僚の評価を求めても当然だと思った。ところがそうした自分の思いに周囲が期待したほど応えてくれなかったので、不満だった。そのうち次第に何を見ても何に触れてもぷりぷりと憤りが起こり、そういう自分をコントロールすることがなかなかできないでいる。あなただったら、こういう心の状況に陥ったとき、どう解消したらいいと思うか」と聞かれた。

そこでわたしは有名な達磨《だるま》禅師の禅話をした。

そうあの七転び八起きの縁起のいい達磨さんのこと。禅師は禅の教えを伝えるために、当時では考えられない高齢、そう百四十歳ぐらいのとき、海路か陸路かわからないがインドから中国にやってきた。すごい体力と気力である。梁《りょう》の武帝《ぶてい》は達磨という偉い坊さんが来たという噂を聞いて、特使を派遣して、国都金陵《きんりょう》（南京）の宮中に招いた。待ちかねていた武帝は早速、達磨に尋ねる。

「わたしは即位してから、寺を造り、写経し、僧侶を供養したことは数え切れないくらいである。何の功徳《くどく》があるだろうか」と。さぞかし功徳があると思っていた武帝はいい答えを期待した。ところが達磨は「そんなものは功徳がない」と予想もしない返事。武帝のがっかりする顔が目に浮かぶ（『景徳伝灯録』）。

二人の出会いは歴史的にはありえないとされるが、歴史的な事実かどうかよりも、自分自身が武帝になって、達磨の『無功徳』の言葉をどう受け止めたらいいのかを考えてほしい、と彼に話した。

彼は「藤原、いくらがんばってもその報いというか、見返りを求めてはいけないということか。なにかさびしいな。やっぱり自分が努力していい結果を得たら、ほめてほしくなるのは人情だよ。評価してくれるから、生きがいを感じるし、自分のアイデンティティを持つことができるのじゃないか。悟りを開いたという達磨さんみたいに俺は達観できないよ」と素直に答えてくれた。「藤原、きみはどうなんだ」と聞かれた思いがした。

確かに自分も一ヵ寺の住職として、外から見たら大したことはないと思う人もいるかもしれないが、自分としてはいろいろなことを実現することができた。だから評価してくれる人がいたとき、うれしいし、またさらにやる気が出てくる。やっぱり評価を求めている気持ちがあることは否定できない。でもその一方で、自分ひとりでは到底これだけのことはできなかった、数え切れない方々のおかげであったという思いが厳然とある。

功徳はすぐに求めない

「俺はこんなことをやった、あんなことを自分の力でやった」と、人前で誇らしげに語る人がいる。そう言う人の顔には不遜な表情があり、ぎらぎらしている。内心、ほんとうは満足していない。いつも不足の念が同居しているのだ。だから、実に耳障りである。

わたし自身、ああいう人にはなりたくない、と自戒している。人間だから物事を自分がやったという思いは必ず起こるし、人に話したくなるものだ。でももう一方でやらせていただいたという気持ち、感謝の念を忘れてはいけないと思う。この二つの思いが人間の精神のバランスを取ってくれて、心を浄化してくれるのではないのか。

輪島功一というボクサーがいた。〝かえる飛び〟という独特の攻撃戦法でわりと年を取ってから、スーパーウェルター級の世界チャンピオンになった。

彼の講演を静岡JCの例会で聞いたことがある。彼は人の何倍も練習に打ち込み、成績を上げても、ファイトマネーをなかなか上げてもらえなかった。仲間は自分の努力が報われないと愚痴をこぼした。だが輪島は決して不平不満を口に出さなかった。彼は全く違った発想をしたのである。

「あいつはあんなにがんばっている。ファイトマネーをあげてやらないわけにはいかない」とボクシングジムのオーナーが思うまで、自分は徹底的に努力すると心に決めた。だから愚痴をこぼす暇なんか一切なかった。そういう甘えがなかったから、世界チャンピオンになれたのだと彼は語った。

輪島は、確かに評価を求めているが、安易に評価を求めてなんかいない。その甘えや愚痴に費やす時間を、前向きな方向に向けている。

ちょっと不満だとすぐ愚痴をこぼす人は決して前向きに生きる力を育てることはできないし、愚痴を言うほうに気力が浪費されるのだ。これだけやったんだと、評価という功徳を求めない土壌があって初めて輪島のように真の志を立てることができるのである。

功徳をすぐ求める心は人生の本質的なマイナスにつながっていく。つまり、すぐ功徳を求める心こそ、自分という人間を消極的にし、精神の持続を損なうのだ。

仲間と寄り添って不平不満をいって慰めあうのもときにはいいが、やっぱりなにがあっても自分を高めるためにはひとりでわが道を行く、孤独力を忘れてはならないと思う。その意味で、輪島の現代版・無功徳はいい実例である。

2 ここぞ！ という時

――「痛棒」のチカラ

禅では、弟子に棒や喝《かつ》を用いて、手厳しく接化《せつけ》する。

唐末から五代にかけて活躍した臨済禅師は師である黄檗に、三度質問して臨済は三度叩かれた。「道得《い》るも也《ま》た三十棒、道得《い》ざるも也た三十棒」と弟子に迫った徳山《とくさん》禅師も何と言おうとも打ちのめした。臨済宗はなんと乱暴極まりない宗教か、と思う人もあるかもしれない。だが黄檗も臨済も徳山も、本気になって弟子を鍛え、本気になって真実を気づかせたいと、渾身《こんしん》の力を込めて叩いたのだ。

禅僧は言葉ではまわりくどい、直截《ちょくせつ》的に目覚めさせようと、喝を吐いたり、痛棒を弟子に与えた。現代は親の非難や世間の批判を恐れ、無難なのがいちばんとなった気がする。子供を、部下を、弟子を育てるパワーも愛情も、それを受け止める側もパワーがなくなりつつある時代である。

幼少時や学生時代の父や恩師の痛棒がなつかしく感じられる。この年になって、叱ってくれる人もいなくなった今、さびしい限りである。

父や先生や上司に叱られて、殴られた経験はないだろうか。自分がわが子、部下の頭をゴツンとやった経験があるだろうか。

もっとも最近は下手にやると、暴力行為だと決め付けられてしまう。叩くのは人格の軽視だ、とされる。本当に人によくなってほしい、気づいてほしいとき、「ここぞ」というときに止《や》むを得ず叩かざるを得ないときがあるはずだ。打ったら暴力と杓子定規《しゃくしじょうぎ》に断定する前に、真に愛情あって行為したかどうか、のはずだ。

忘れられない大接心の痛棒

恥ずかしい話だが、ごく最近、夜中にベッドから落ちて、頭を強く打った。瞬間、頭全体が空っぽになったような衝撃と痛みがあった。

しばらくベッドの横に寄り添って床に座るしかなかった。いい年をしてみっともないと思うより、不思議なことにそのとき、最初に頭に浮かんだのは修行時代、入門したばかりの六月の大接心《おおぜっしん》の痛棒であった。

普段より厳しい一週間の修行期間。寝る時間も三時間ぐらいに限定され、坐禅の時間も多く、師と禅問答する回数も増える。

五日目の午後、休憩時間にトイレに行った。たまたま自分ひとりだと思って、「やっと五日経った。まだ二日もある」と小声だが口に出した。用を足して振り向いたら、なんと直日《じきじつ》という禅堂の指導者Nが真後ろにいたのだ。

顔が合った瞬間、思いっきり頬にビンタを食らった。思わず「何をするんですか」と文句を言った。彼は「なんとお前は情けない奴だ。なぜもう五日経ってしまったと言わない。大接心は修行の所得が多い、大切な期間じゃないか」と言われた。その通りだと思ったが、殴られたことが悔しく腹立たしい。「いきなり殴るなんてひどいじゃないですか」「お前みたいな奴は殴らんとわからん」と言うと、Nはさっさと疾風のごとく立ち去ってしまった。

だいぶ経ってから、Nの仕打ちが如何に親切なものか痛感した。

それまで何とか一週間が過ぎればいい、そんな思いにとらわれている自分の弱さに気づかずにいた。師から頂いた禅の公案《こうあん》を工夫するのも修行だが、今、置かれている場で自分の脆弱《ぜいじゃく》さと戦うことも禅の修行であったのである。

そのときまで何とか一週間、我慢さえすればいい、それだけに心が行っていた。全くといっていいほど、修行とはいったい何なのか深く考えなかったし、当然、わかっていなかった。

今、いちばん成すべきことを成せ

その先輩の雲水の痛棒を思い出したとき、ベッドから落ちて、頭をガーンと打ったのは単なるミスではなく、わたしへの何十年ぶりかの痛棒ではなかったかと、直感してしまったのである。というのは、最近、思い通りにならないことが重なって、何か心がもやもやしていてすっきりしない日々が続いていたからだ。

具体的なことは言えないが、ひとつはわたしにとって不相応なことをさまざまな人が期待し、その世評を言ってくる。そして、いつの間にか自分も何かそんな思いに囚《とら》われていたところがあった。しかし、それが実現することはありえないことがはっきりしていた。そうなると人間という者はおかしなもので、何か失ったような気がして、おもしろくない。もちろん初めからなかった話なのに、である。そんなわたしの高慢さがベッド落下の痛棒を招いたのに違いない。

もうひとつは六十三歳という自分の年齢は、あと二年で高齢者と言われる範疇に突入するわけで、これからの人生は何を目標に生きるべきか明確にすることができず、生き方を変える勇気を出せないあせりがあった。

「まだ若い」という執着と「もう年だから、万事、ほどほどに」という気持ちの狭間で揺れ動く自分がいた。六十三歳の今、生き方が決定していなかった。

このベッド事件はそういう自分を自分の年齢にちゃんと位置づけ、余分なものや事柄はさっさと捨てて、今、なすべきこと、これからなすべきことを一から見定めよ、ということを啓示してくれたのだと感じないわけにはいかなかった。そう思うと、この痛棒の痛みは消してはいけない、心に刻印しておこうと決めた。

3 「なんのために坐禅をするのか」

――「車若し行《ゆ》かずんば、車を打てば即ち是か、牛を打てば即ち是か」

この語は、唐の時代、南岳懐譲《なんがくえじょう》禅師と弟子、馬祖道一《ばそどういつ》の問答で（『五灯会元録』巻第三）に出てくる。

ある日、馬祖が坐禅をしていた。南岳は「なんのために坐禅をするのか」と聞く。「仏（悟った人、覚者《かくしゃ》）になるためである」と答えると、師は傍にあった瓦を拾い、磨き始めた。馬祖には師の振る舞いの意味がわからず、何のためか尋ねる。「磨いて鏡にする」と答える。馬祖は「そんなことをしても瓦を鏡にすることはできない」と言う。南岳は「それなら、坐禅をして仏になろうとするのか」

馬祖が「それではどうすればよいのか」と聞いたとき、師はこの牛車の言句を馬祖に投じたのである。師のこの問いに、馬祖は答えられなかった。

いきなりだが、あなたに質問したい。牛車が道で動かなくなったら、荷物が載っている車を叩くのがいいか、牛を打つのがいいか。あなたにはそんなことはわかっている。牛をたたくに決まっている。車をたたいても、牛が動き出すわけがない。まちがなくそれが常識的な考えである。では、馬祖が解答できなかったのはなぜか。

トラックなら、動かなくなったら、エンジントラブルと考えるのが当然で、いきなり荷台に原因を求める人はあるまい。

努力には二種類ある

そこで禅の視点に移行してみよう。禅はものごとを一人称で考える。この場合、牛車を一個の人間、自分と観て、あなた自身のあり方を問うているのである。

牛は車を牽引する動力である。つまり牛はわたしたちの体力・運動能力・才能・学力・気力・知力・技量などを意味する。車は物を載せる荷台である。知識・学問・体験・財産・経歴……これらのものを背負っているのが人間といっていい。

たとえば体力をつけるためスポーツジムに通う。カルチャーセンターに通って、英語の力をつける。自分をレベルアップするために努力する。ところがこれだけではなかなか努力が続かない。つまり自分という牛車が動かなかったとき、どうするかという問いである。

この問いに、作家、幸田露伴《こうだろはん》は『努力論』の冒頭で、極めて的確な示唆を与えてくれる。

努力に二種ある。一は直接努力で、当面、目前のことに勤め励むこと。二は間接努力で、準備の努力、基礎となり源泉となるもの。露伴に言わせると、努力が無効に終わるのは、その方向が悪いか、間接努力が足りないからだということになる。

方向が悪いとは、無理な願望を立ててがんばってもだめだということである。足が先天的に遅いものが、いくら百メートルの短距離の選手になろうとしても無理に決まっている。

では間接努力とは何か。たとえばあなたが詩歌を志したとする。いくらその世界に関する本を読み、歌の知識を学習しても、それだけでは充分ではない。いくら詩歌を作っても、ある程度の感性や技術的なものは身につくかもしれないが、努力してもいい作品は生まれない。おそらくこの努力は続かないだろう。

直接努力だけをしているからだと露伴は言う。いくら牛を叩いても、車を叩いても詩歌の美妙は得ることができないということである。

では間接努力、基礎となる努力とはなにか。露伴は自己の醇化《じゅんか》・世相の真解・感興の旺盛・制作の自在といったむずかしい言葉を意味するという。自分自身を人間的に磨かないと、露伴の求める心は育たないのではないのか。

いくら牛＝詩歌を作る力を強くしても、車＝詩歌の知識を増やしても、牛車を動かすのは牛と車の間に座る御者《ぎょしゃ》である。御者である人間が感性を磨き、感興《かんきょう》するセンシティブな人間性が働かなかったら、詩歌は生まれない。上達しない。途中で努力が挫折してしまう。多くの人が間接努力を忘れていることを露伴は嘆く。

冷静に自分を見つめ直した時に

五、六年前の夏であっただろうか。夕方、一人の青年が突然、訪ねてきた。聞けば、二十代後半の銀行マン。わたしの『人生の経営』という本を読んで、わざわざ東京から訪ねてきてくれたのだ。彼は自分の願いを熱く語り始めた。
「バブル期の銀行は社会に本当に迷惑をかけた。銀行マンとして、専門の勉強をやるのは当たり前だが、もうひとつ学ぶことがあると思った。結局、人間とは何か、自分とは何か、ということをこれまで学習したことはなかった」

「ものごとを判断するとき、今までの知識や経験に鑑《かんが》み、自分の知力を駆使して判断する。そのとき、どうしても捨てきれない損得や好き嫌いの感情が働くことをコントロールできないのが人間だ。そうなるとものごとを客観視することは相当むずかしい。そういう人間とは何か、知りたくなった」

「今、異業種の仲間と、唯識《ゆいしき》の勉強をしている」

と語った。唯識とは、仏教の人間の深層心理の学問といっていい。

この若者は、銀行がバブル期に暴走し、崩壊し、ひどく低迷した、そんな愚を二度と犯さないために、真のプロの銀行マンになりたいと話す。そのためには自分という人間を人間的に向上させること、間接努力が大事だと気づいたのだ。

作家、城山三郎はこれからの時代に求められている人間像を語っている。右肩上がりの時代は実力があるとか、実績があるとか、人間がどうかなど問わない、だれがやっても同じという雰囲気があった。学歴が高いとか、毛並みがいいとか、人づき合いがうまいとか、そういう人ばかり出世した。右肩上がりの時代が止まると、むしろその逆になる。

「変化の時代には、『あの人間が来るのなら信用して取引しよう』とかいう、『あの人間なら』という人格がものを言ってくる。『あの人間』になるチャンスだと思いますね」

あの人間とは間接努力でつちかわれる人間のことに違いない。この青年は、牛車を叩くだけの愚を犯さず、彼は自分という御者の心を調えて、しっかり手綱を持って、確かな歩みで進んでいくことだろう。いい出会いはその余韻を頂ける。彼を送って山門から見送った。角から彼の姿が消えるまで、山門から去りがたかった。

4 人の評価は死んでみないとわからない

――「閑古錐《かんこすい》」のチカラ

閑古錐とは、使い古して先が丸くなってしまい、もう役立たない錐《きり》のこと。禅では修行して悟りを開き、さらに修行したという悟り臭さも徹底的に捨ててしまう。悟りを開いた、えらい僧なんて人には全く感じさせない、愚の如き境地を表す。

禅僧の悟りの境地はさておいて、仕事ができる上司がいたとする。もし彼が自分の優秀さをこれ見よがしにしたら、尖《とが》った錐のようで鼻持ちならない。いつ傷つけられるかわからない。でもすこしも偉ぶらず、謙虚に部下の話を聞いてくれたら、どうか。自ずと信頼が生まれ、慕われるに違いない。

若い時は少々鋭い錐であってもいい。部下に仕事を与えると、理解も速く、自分でちゃんと判断し、テキパキこなしてくれる。仕事の内容は上司が期待以上のできばえだ。こんな社員ばかりなら上司もらくだ。ちょうど新品の錐先がぴんと鋭くて、どんどん穴が開けられ、作業が進むのに似ている。

でもあまり鋭いと、手に怪我をしたり、錐の先が折れてしまうかもしれない。あんまり頭が切れると、判断も言動も速いから、人より意識が先行しすぎたり、周囲を無視するつもりはなくてもそうなる危うさがある。

また自分に自信があるから、独りよがりになる可能性もあり、上司の考えと溝が生まれてくるかもしれない。本人が気づけばいいが、気づくのが遅いとさまざまなトラブルを起こすことになる。

わたしが館長をしているホールにかつてある分野でプロ的な知識を持ったスタッフがいた。

頭の回転も速く、その知識を誇るあまり人と議論をすると、その場を心得ず、とうとうと鋭く自論を展開してしまう。いつの間にか人を軽んじる。本人はそれに気づかないから始末が悪い。結局、彼を慕うボランティアの信用も失ってしまった。「とんがり過ぎた錐は危うい」ということを心のどこかに蔵しておくことを忘れてはなるまい。

江戸時代の仙厓《せんがい》禅師の逸話はズシーンとくる。

あるとき通りに人が集まって、なにやら話している。ちょうど通りかかった仙厓が聞いてみると、どこそこの息子は頭がよく、できがとってもいい。将来、有望だ。あの家がうらやましい、と皆ほめそやしていた。そこで仙厓は「そんなもの、死なならやわからない」と言ったものだから、すっかりその場が白けてしまった。閑古錐そのものの仙厓さんから見たら、世間がちやほやすることはその青年にとって、害あって利なしと思い、もっとゆったりとした彼の成長を欲したのだ。ほんとうに仙厓は慈悳の人であった。

人は四種類に分けられる

さて、人間は四種類いると言った人がいた。

①利口利口
②利口馬鹿
③馬鹿馬鹿
④馬鹿利口

①の利口利口は鋭利な錐のように、怖くて近寄りがたいタイプ。②の利口馬鹿は外観はいかにも頭が切れそうだが、やることは結構ミスが多かったり、人間的に未熟なタイプ。③は論外だ。④の馬鹿利口は、外観はきわ立たず、とても役立つような者に見えないが、ちゃんと人生の機微を心得ていて、仕事にも周囲にも心配りがきちんとできるタイプ。

そう④こそ閑古錐的タイプである。

もちろん若いときは①でもいい。そのくらいの勢いが必要だ。新品の鋭利な錐がどんどん使われ、研ぎ込まれ、使いこなされて、次第に短く丸くなっていく。同じように若い時は、仕事で揉《も》まれ、上司に鍛えられ、家庭で奥さんと子供とともに生活し親となり、年を経て、だんだん角《かど》が取れていく。それでいいのだと思う。若いころから、角が取れて、閑古錐的な人間になっていたら、気持ちが悪い。

そう、時間とともに年齢とともに人格が磨かれて、余分な角がとれて、人間的な魅力が自ずと生まれてきたら素敵だと思う。言うまでもなく、人生には困難や壁が待っている。その時苦労して潜伏する時間も人生には欠かせない。閑古錐の道場となる。

なんとしても死ぬまで生きているわけだから、人間の評価は死んでみなくてはわからない。一生かかって仕上げていく心も閑古錐なのではないのか。

5 今、生きている、その場こそ最高だと考える

——「独坐大雄峰《どくざだいゆうほう》」のチカラ

この禅語は百丈懐海《ひやくじようえかい》禅師にある僧が、「如何なるか是れ奇特の事」と尋ねると、百丈が「独坐大雄峰」（独り大雄峰に坐す）と答えたことによる（『碧巌録』第二十六則）。大雄峰はこの百丈が住んでいた寺の周囲の山で、百丈山ともいう。

奇特を「きとく」と読むと、優れているという意味。「きどく」と読むと、霊験があるとか、ありがたいことかになる。そうなるとどちらの読みが正しいのか。あまりその点は詮索せず、禅はいったい、どんなすぐれた霊験があるのか、何がいちばんありがたいのか、真の幸福とは何か、という問いと受け止めていい。

すると百丈は「独坐大雄峰」、今ここで独り、坐っていることがもっとも有り難い、幸福だ、という。なにもボーッと居眠りしながら坐っていて気持ちがいい、というのではない。

誰でも幸福になりたい、と考える。ところが幸福とは何か、と問われたら、自分はこういう幸福観を持っていると明言できる人は少ない。たとえ持っていても、心のどこかに「モアモア」という欲望が潜んでいるのではないのか。今より欲しいものが多く手に入るとか、今ないものを手にすることができるとか、もっと自分の思い通りになる状況になるとか……そういう気持ちがない人はないと思う。

わたしも否定できない。だから自分の戒めとして、いつも思い出す大西良慶《りようけい》清水寺管主《かんしゆ》の逸話がある。管主のところにある手紙が来た。彼はかつて清水寺で修行していたが、逃亡した小僧からのものであった。「おかげさまで、いま白浜でホテルを経営している。ぜひ、管主さんに来ていただいて、恩返しをしたい」というのである。

管主は時間を見つけて出かけた。

そのホテルで最高のルームに案内され、早速、昼食。ご馳走がテーブルの上にいっぱい並ぶ。温泉に案内されると、管主の身体を職員が隅々まで洗ってくれる。出てくれば、部屋にマッサージ師が待っている。ほんとうに久しぶりにのんびりさせてもらっていると、夕食。また、ご馳走だ。歓談の時間もあった。これぞ極楽だと、思われた。次の朝、風呂に行く。また、身体を洗ってくれる。風呂から出てくると、また、豪華な朝食。ご馳走攻めで胃も疲れてくる。また、風呂に行くと、身体を洗いましょうと言われたが、もう独りで入りたくなった。

とうとう管主も音《ね》を上げて、もう一泊の予定を切り上げて早々に京都に帰ってきた。帰ってきて、すぐ所望したのがお茶漬けだ。さらさらとやったら、まさにこれぞ極楽と思われたという。

いくら贅沢しても、なんでも思う通りになっても、最初は感激するが、すぐ飽きてくるのではないのか。そうなると案外、シンプルライフがよくなったりする。きっとわたしたちはそのシンプルライフが続くと、またそれがもの足りなくなって、モアモアと求めていくに違いない。でもはっきりしていることは、幸福とは物の多寡《たか》によるうちはほんとうには得られないということだ。

「なにごとも楽しんでやる」

では真の幸福とはなにか、わたしも百丈のように、もしいつも自分がおかれた場で、「今、自分は生きている、有り難し」と心の底から喜べたら、ほんとうに幸福だと思う。

百丈禅師の境地になるには並々ならぬ修行が必要だし、正直言ってわたしたちには難しい。お互い、心の修行は大切だが、禅の境地は高すぎて、別世界、異次元と思う人もいるかもしれない。わたし自身も悟ったわけではない。

でもたとえ、祖師方の悟りの世界に到っていなくても、とてもアバウトだけれども、そういう境地のたとえ四〇パーセント、五〇パーセントでもいい。自我に振りまわされない境地を求め、実行したら、相当、自己改革ができると思うのだ。

だから、お互いもっと肩の力を抜いて精進しようではないか。

さて、話を「独坐大雄峰」にもどそう。

わたしは今、どういう幸福の工夫をしているかというと、至極、簡単な工夫を心がけている。もうすでに書いているが、「なにごとも楽しんでやる」ということである。

「そのうち」人間に幸せはこない

わたしの寺は様々な人が訪ねてくる。

一時間きざみで人が相談やら仕事のことやら、またお茶を一杯飲みに来る人もいる。忙しいときに来られると、ついつい「かなわない」と思ってしまう。とくに出かけるとき来られるのも困る。

ある方が出かけようとしたときにお客さんが来て、「お出かけですか」と言われて「今、帰ったばかりです。ただ用事があるので、十分くらいでよろしければ」と応じたという。忙しいのに、というわが思いを全く押し出されていない。このさわやかな応対。わたしならすぐに断ったことだろう。

やっぱり、人が来られたとき「かなわない」という思いを捨てて、せっかくの出会いだ、この方との時間を楽しもうと、心に決めればその時間は生きてくる。最近、遅ればせながら、そう自分で決めるようになって、応接も苦にならなくなったし、様々な人との出会いを通して、人生を深め学ぶこともすごく増えたことがわかった。そんなこともあって、いつもどこでも楽しむ心の姿勢を大切にしようという思いを忘れないようにしようと決めた。

現在の自分は、今、ここで生きていることが幸福だという「独坐大雄峰」の心境にはほど遠い。今、ここを楽しむというのは、意識的だから、百丈の二、三〇パーセント、いや一〇パーセントの境地かもしれないが、ここからスタートしようと決めている。

ともかく、その実行あるのみである。そのうちにやろうというのでは、いつまでたってもやらないものだ。「そのうち人間」だけにはなりたくない。

6 人生あきらめたら、終わり

――「不昧因果《ふまいいんが》」のチカラ

今、とくに噛み締めている禅語は「不昧因果」（『無門関』第二則）という言葉である。禅宗を独立させ、道場の規則を作った百丈《ひやくじよう》懐海《えかい》禅師が説法するとき、いつも一人の老人がいた。

ある日、その老人がひとり残った。百丈が「お前は何者か」と尋ねると、「わたしは人間ではありません。ずっと昔、過去迦葉仏《かしようぶつ》の時、この山で住職をしていました」と奇妙な話を始めた。聞けば、彼が住職の時代、ある修行者に「悟りを開いた人は因果の世界に落ちるのでしょうか」と質《ただ》した。

かつてインドでは亡くなると、生前の行いによって、六道輪廻《りんね》といって、地獄、餓鬼、畜生、修羅、人間、天など六つの世界に生まれると信じられていた。

この教えが仏教に入り、この輪廻の世界から如何に脱却するかが、極めて重要な問題となった。老人はその問いに「不落因果《ふらくいんが》」と答えた刹那、五百年間生まれ変わり死に変わりしても狐の身から脱出できなくなってしまったという。老人は「どうかわたしを狐から人間に変えてもらえる、一転語（心境を百八十度転回してしまう言葉）をください」と百丈に求めて、「修行した人は因果に落ちますか」と改めて問うた。百丈は「不昧因果《ふまいいんが》（誰も因果をくらますことはできない）」と答えた。

するとこの一言で老人は悟りを開き、「これでようやく狐の身を脱して人間に戻れました。わたしは山の奥に住んでいます。どうかわたしのために葬式をしてください」といって姿を消してしまった。

百丈は弟子を集めて、狐の葬式をした。そんな不可思議な物語が述べられている。

久しぶりに風邪を引いた。しかも風邪をこじらせ、肺炎になった。

妻に言われてしぶしぶ呼吸内科に行った。レントゲンを撮ったら、肺の左下の部分に白い影があり、血液検査をしたら、肺炎の菌がかなり高い数値であった。入院すべきかどうか、微妙だと医師は言う。抗菌剤の点滴を、五日続けてやった。大分、数値が下がったので、自力で回復できるレベルになったから、普通の生活にもどってよい、という医師の許可がようやく、おりた。

それから一週間ほどして、修行道場で七歳も若い後輩が肺炎でなくなった。後で、肺炎による日本人の死亡率は、死因別で四位だと聞かされて驚いた。その不幸の連絡をくれた後輩が「年を取ると、肺炎になりやすくなる。気をつけなければね」といった言葉が強く心に残った。

最近、何歳から高齢者と呼ぶのか、気になって調べたことがあった。

どうやら一般的に言って六十五歳からだということが分かったが、その年齢は越えねばならない人生の、身体のきびしい峠のひとつのような印象を持った。

そんなときだっただけに後輩の言葉は「あなたももうすでに年寄りの六十五歳の身体だよ」と暗示しているようで、さらに肺炎に、もう年だという実感が掛け算されて、

「今までのような走り続ける生き方を続けるのは無理だよ」とシビアな宣告を受けたような感じがしてしまったのである。

精神科医、高橋祥友医師は人生には二つの峠があると言っている。まず「青年期」という峠があるという。

理想的な自分と現実の自分のギャップに悩みながら、人生の目的はなにかとか、自分はなにをすべきか、そういう問題を求める時代であるという。ただ心理的にも経済的にも親に依存し続けている状態である。

また「青年期」は自分の行為に責任をそれほど問われないままに、自分探しを許されている世代で、アメリカの精神分析学者エリクソンは青年が子供から大人に移行する時期を「モラトリアム」と呼んだ。

そういう青年も仕事がだんだんわかってきて、指示された仕事だけでなく、自分の判断で仕事を見つけ、どう進行させたらよいかできるようになってくる。家庭的にも妻をもらい、子の親となって、生きがいを感じる日々を重ねていく。

第二の峠をどう越えたらいいのか

次は「中年期」という峠である。

走り続けてきて、いままで一生懸命努力すれば、失敗もあったが結果がついてきてくれたから、右肩上がりの成長をしてきた感じがしていたのが、限界を感じたり、下降に転じているという思いが起こり、これからの人生をどのように設計するか、そういう問題が現実に突きつけられるのが人生の第二の峠であるという（『仕事一途人間の「中年こころ病」』）。一般的に言って、四十から五十代にかかるのがその時期だという。

高橋医師の人生の二つの峠説を読みながら、今のわたしの心境を省《かえり》みたとき、遅ればせながら、自分は六十三歳の今こそ第二の峠に差し掛かっているな、と改めて認識することができたのである。

思うに自分としてはできるだけ前向きに歩き続けてきて、もう今までのような生き方はできない、いずれは変えなくてはならない時期がやってくることは否定できないが、すぐ生き方を変えられないし、新たな人生設計もすぐにはできないものだ。却って心にむなしさという空洞ができた感じがしてきた。自分の今までの人生は何であったのか。これでよかったのか……さまざまな思いが起こる。

高橋医師は、「人生は一枚の取り替えのきかないキャンバスだ。それなのに中年の危機とは人生の半ばで新しいキャンバスを必死で要求している状態かもしれない」という趣旨のことを書いている。

そう言われてみると、わたしも新しいキャンバスを不可能と知りつつ求めているところがあるのではないか。だからわたしにとって、今、この第二の峠をどう越えたらよいのか、実に切迫したテーマなのだ。

老いの悩みを楽しむ勇気

先の不昧因果の話は、それこそ狐にだまされたような不思議な話である。それに因果に落ちずと言ったら、狐になってしまい、因果を昧《くら》ませず、と言ったら、なぜ人間に戻れることができたのか。疑問は尽きない。

そこで狐の身とは自分が置かれている現在の状況と受け止めて、自分に当てはめてみよう。

いま、人生の第二の峠に差し掛かり、おたおたしているわたしこそ狐の身に落ちていることに他ならない。つまりわたし自身のこれまでの生き方という「因」がこの第二の峠の悩みという「果」を生んだわけで、その「因果」は現実になくすことはできない。狐になったというわたしの因果から逃げることはできない。

蒔いた種は自分で刈り取るしかない。ではどう刈り取ったらよいのか。

『朝日新聞』の「ひととき」（二〇〇八年二月一日朝刊）に掲載された七十歳になる齊藤圭子さんの生き様は実に爽快で、第二の峠という因果に昧まされないヒントがいっぱいある。この人が住んでいる家は築四十年のボロ家で、修繕を頼む。応急処置をしてくれた人が、「だいぶん傷んでいますよ」と言うので、「生きている間、雨露をしのげればいいんです」と平然と答えている。彼女は何事にも前向きで引き算思考なんかしない。

二十年前からひざに疾患を抱えていて、正座もままならない。原因を医師に聞くと、「加齢です」という。がっくりくるマイナスの思考などどこ吹く風とばかり上手につき合うしかないと開き直り、大好きなテニスの練習は絶対欠かさない。六十五歳を過ぎた人は体を動かして痛いところを治すという記事を見つけ、大義名分を得たと確信し、この人は前以上にせっせと練習を楽しみ、試合に挑戦していく。体力ではなく、人生経験だけは若い者に負けたくない、頭で勝負すればいいんだと、楽しんでいる。

さらに人の名前も思い出せないことがあるから、老いの自覚もし、覚悟もしているがこの認識も甘いかもしれないと言いつつ、このギャップが元気のもとだと、嘯《うそぶ》いている。まことに、老いのもたらす障害の因果を否定せず、因果とともに明るく活き活き生きているところが実に小気味よい。

わたしもこの投稿を読んで、六十三歳の第二の峠という因果をちゃんと受け止めながら、「不昧因果」と念じながら、この悩みを楽しむくらいの勇気を育てて行くことだと気づかせてもらった。

やっぱり時々、日々休みを入れて、スピードを少し落としてもいいから、前向きにゆっくり走っていこうと思う。

人生、あきらめたら終わりだから。

7 忙しさに振り回されるな

――「十二時を使い得たり」のチカラ

この禅語は趙州《じょうしゅう》禅師の語録、『趙州録《じょうしゅうろく》』に出てくる。ある僧が十二時（現代で言えば、二十四時間のこと）をどんな心を持ってすごしたらよいのか、問うた。すると禅師はその問いに直接答えず、「あなたは十二時に使われ、わたしは十二時を使い切っている。あなたはどちらの時間を尋ねているのだ」と逆に迫ってくる。

昨年、カルチャーセンターの会員の人たちと、紅葉の京都を訪れた。夜は妙心寺の山内、東林院に宿泊することになった。

夜、和尚の心のこもった精進料理に舌つづみをうち、部屋に七時ころ帰った。テレビもないので、しばらくボーッとしていたが、締め切りの原稿を打つためにパソコンに向かった。三十分くらいで疲れてきて、やめてしまう。まだ八時前だ、仕方なく持参した本を開いて読み始める。電球のワット数が小さいので、目が疲れてくるから集中力も落ちる。本を閉じてみたもののなんとなく手持ち無沙汰だ。

何をしようかなと思案していたら、隣の部屋のカルチャーの職員、Kさんから、「先生、すこしやりませんか。焼酎があるんです」とふすま越しに声がかかる。早速、二人で始めた。そこへタイミングよく、寺の奥さんがつまみを持ってきてくださる。窓越しの向こうの月明かりにほのかに浮かぶ庭を見ながら、明日の予定、仕事のこと、人生のことなど、取りとめのない話をする。

時折、聞こえる「コーン」というかけひの音が静寂を破る。十時半になったので、少々眠くなりお開きとなった。

それにしても時間が止まったかの如くなんとゆったりと進んだことか。こんな時間をすごしたことはひさしぶりだ。いつも何かしら時間に追われ、もう七時か、もう十時か、と時間の経過の早さにあせりに似た感情がおこるのだが、その日はそんな感情から解放されたような感じがした。

そして、平安時代や室町時代の人間の平均寿命はどのくらいであったろうかと、ふと思った。

おそらく平成の半分以下ではなかったか。けれどもたとえ半分でも昔の人のほうがゆったり時間をすごしたのではないのか。だとすると、平均寿命の長短と人生の味わいの深さとは比例しないのではないか、と思ってしまった。

後で調べてみたら、中野孝次の『人生のこみち』にこんなデータが出ていた。

縄文期（約三千年前）	男	31歳	女	31歳
室町時代	男	36歳	女	37歳
明治24〜31年	男	42・8歳	女	46・54歳
平成3年	男	76・11歳	女	82・11歳

このデータを見ながら、現代人は昔の人に比べて倍以上の時間を享受してはいるが、

本当に人生に充実感を持っていないとしたら、与えられた時間を浪費していることにならないか。

ではどう時間を使ったらよいのか、時間に従属しない生き方はあるのか、そんな問いを深めたくなった。

その忙しさ、楽しめる？

趙州の問答に戻るが、唐の時代、時間を無駄使いしないためにはどう生きたらよいのか、禅僧はすでにちゃんと問題意識を持っていたのだ。

現代のわたしたちは忙しさをよしとし、時間を約束で区切るのが生きがいになっている。そういう考え方だけで、本当に自分の人生という二度と繰り返すことのできない時間を、自分のために使いこなしているだろうか、という疑問を起こす余裕さえ見失っているのではないのか。

ただ現実には現役であればあるほど、忙しさは免れないわけで、その繁忙とどう向き合うかどうかも実は大切なテーマになってくる。

ローマ帝国の初代皇帝、アウグストゥスは床に着くまで、政務に追われっぱなしであった。いつかは安息の日々が来るだろうと、夢見ながら己を慰め、その激務に皇帝は耐えた、と哲学者セネカは『わが死生観』で述べている。

しかしこれは禅者の生き方ではない。わたしは時間に流されたと感じたとき、いつも念じる禅語がある。

雲は嶺頭《れいとう》に在って閑不徹《かんぷてつ》、水は磵下《かんか》に流れて太忙生《たいぼうせい》

意味は、雲は峰の上に浮かんで動きもせず、静かなもの。渓《たに》を流れる水は瞬時も休むことなく、忙しくざわざわ音を立てている。つまりわたしたちも閑なときは退屈と思わず、のんびり過ごせばいい。閑に徹して楽しめばいい。忙しいときは忙しさに追われまくってもいい。厭《いと》わずその忙しさを楽しめばいい。

つまり時間を約束で区切り、それを埋めることのみに追われると、忙しい忙しいと口ばしる。人間は時間に使われて主体性を失い、精神を浪費する。時間を忘れるくらい閑忙を問わずひとつになったとき、人間はその時間が生きてくる。

わたしもこの禅語を知ってから、忙しさにも振りまわされることが少なくなった。結局、閑なときに仕事を考え、仕事のときに閑なときを思う、中途半端人生がいちばん悪いのではないか。そんな自戒を噛み締めている。

永き日を書架の背文字に立ちくらし　吉川英治

大衆作家、吉川英治が小説を書くために、時間を忘れて資料を捜し求めているときの心境だろうか。まさに、「十二時を使い得たり」の心境ではないか。

8 当たり前のことができる人間になろう

――「諸悪莫作《しょあくまくさ》」のチカラ

この禅語は有名な「七仏通戒偈《しちぶつつうかいげ》」からきている。「諸悪莫作《しょあくまくさ》・衆善奉行《しゅぜんぶぎょう》・自浄《じじょう》其意《ごい》・是諸仏教《ぜしょぶつきょう》」（諸の悪を作《な》す莫《なか》れ、衆の善を奉行せよ、自らその心を浄めよ、是れ諸仏の教えなり）その一句目である。

この禅語には、こんな逸話が残っている。

唐の時代、杭州に道林《どうりん》という禅者がいた。いつも泰望山という山の松の木に板を置いて、そこに坐禅をしていたので鳥窠《ちょうか》和尚と呼ばれていた。日本の明恵上人《みょうえしょうにん》の樹上坐禅の絵を思い出す。ある日、たまたま詩人、白楽天《はくらくてん》が杭州の刺史《しし》（役人）としてこの地に赴任してきた。彼は鳥窠のうわさを聞いて、早速訪ねてきた。松の木に坐する和尚に、話しかけた。「そんなところで坐禅をして危なくないですか」すると和尚は「おまえさんこそ、危なくないか」と逆に問われる。白楽天こそいつ外敵に襲われるかもしれないし、なによりおのれの煩悩の火がもえあがっているではないか、というのだ。

当時、左遷《させん》に近い赴任であった白楽天には図星であった。仕方なく仏教は端的に何かと問うと、鳥窠は「諸悪莫作　衆善奉行」と言い切った。さぞかし有り難い教えをいただけると詩人は思っていたら、あまりに当たり前のことを言ったので、「そんなことぐらい三歳の童だって知っていますよ」と言い返す。

すると禅師は「ただ言うだけなら三歳の子供にもできるが、人生を知り尽くしたはずの八十の老翁でもできないものだ」と答えた。白楽天はさすがに返す言葉もなく、拝して去っていったという。

平成十九年のわが国の世相を漢字一字で表すと、「偽」が選ばれた。皮肉なことにこの年のベストセラーは『国家の品格』『女性の品格』の二冊が入っていた。胃腸の調子が悪いと、胃腸の存在がやたらと気になるものだ。品格と称する本が売れたということは、よほどわたしたち日本人の品格が失われた、危ういと感じる事例が多かったのに違いない。

人の品格を失わせるのは「偽」である。ほんとうに「偽」のつく事件が次々起きた。食品の偽装表示、社保庁の偽行、官僚の偽悪……あげたらきりがない。いずれも組織のトップの品格が問われるものがあまりに多いと思った。

人間だから過ちを犯すものだが、問題は何か起きたとき、その事実をどう受け止めるかである。

最近、社会的な不祥事を犯したとき、その事実を認めるより、まず自分の地位か、あるいは自分が属する組織を守ることが先立つ事例がとても多い。ある意味で、人間は自己保全という利己的な本能があるから、とっさに無意識にうそをついてしまったのにちがいない。

しかしその結果、次々と事実が暴露されて、恒例の謝罪の記者会見となり、糊塗《こと》すればするほど社会的な信頼を失っていった。

だからたとえ非難や罰を受けるとしても、事実をありのままにさらりと認めるには

「自分の立場がなくなる」という利己心を捨てる勇気がなくてはならない。これが正直な生き方であり、善である。

利己心を捨てられず過ちを犯すのが悪である。もちろん事の是非を見極めなくてはいけないし、是非の判別はむずかしいこともある。慎重に判断しなくてはいけないが、そういうときこそ、自分を計算に入れないで、ありのままにものごとを観る智慧、般若《はんにゃ》の智慧が欠かせない。

だがほとんどが自己の良心の声を聞けば、善いことは善いとちゃんと感じるし、実行できると思う。悪いことはやっぱり悪いと感じるし、したくないものだ。自我の好悪は危ういものをもっているが、良心の好悪の念はとても大事だ。それなのに当たり前のことを当たり前にできないのがわたしたちだ。

いかがだろうか。「諸悪莫作《しょあくまくさ》」を必ず実践することはできないものだ。だからこそ普段から、当たり前のことを当たり前にする習慣をつけておくことだと思う。

躾《しつけ》とはし続けることとあるではないか。そうでないと行為するとき、善いことをしようと思っても、いろいろ考えると、できなくなったり、悪いことをするまいと思ってもついつい自分のけちな感情が入って、「自分だけいい子ぶってもしかたがない、今回はいいか」「このくらいはかまわないか」などと勝手に理屈をつけて、やってしまうのがお互いではないか。誰でも真心という本心、良心があるから自己に問うて、つまらない分別に動かされてしまうまえに、さっと成すべきことを成し、成さざるべきことをやらないのが賢明だと言いたい。

高村光太郎の自戒の詩

高村光太郎に「当然事」という詩がある。長いがどうしても紹介したい。

あたりまへな事だから
あたりまへな事をするのだ。
空を見るとせいせいするから
崖《がけ》へ出て空を見るのだ。
太陽を見るとうれしくなるから
盥《たらひ》のやうなまつかな日輪を林中に見るのだ。

山へ行くと清潔になるから
山や谷の木魂《こだま》と口をきくのだ。
海へ出ると永遠をまのあたり見るから
船の上で巨大な星座に驚くのだ。
河の流れは悠悠《いういう》としてゐるから
岸辺に立つていつまでも見てゐるのだ。
雷は途方もない脅迫だから
雷が鳴ると小さくなるのだ。
嵐がはれるといい匂だから
雫《しづく》を浴びて青葉の下を逍遙《せうえう》するのだ。
鳥が鳴くのはおのれ以上のおのれの声のやうだから
桜の枝の頬白《ほほじろ》の高鳴きにきき惚《ほ》れるのだ。
死んだ母が恋しいから
母のまぼろしを真昼の街によろこぶのだ。
女は花よりもうるはしく温暖だから

どんな女にも心を開いて傾倒するのだ。
人間のからだはさんぜんとして魂を奪ふから
裸といふ裸をむさぼつて惑溺するのだ。
人を危《あや》めるのがいやだから
人殺しに手をかさないのだ。
わたくし事はけちくさいから
一生を棒にふつて道に向ふのだ。
みんなと合図をしたいから
手を上げるのだ。
五《ご》臓六腑《ぞうろくふ》のどさくさとあこがれとが訴へたいから
中身だけつまんで出せる詩を書くのだ。
詩が生きた言葉を求めるから
文《あや》ある借衣《かりぎ》を敬遠するのだ。
愛はぢみな熱情だから
ただ空気のやうに身を満てよと思ふのだ。

正しさ、美しさに引かれるから
磁石の針にも化身するのだ。
あたりまへな事だから
平気でやる事をやらうとするのだ。

若い頃から、光太郎は仏教に、禅にひかれていたから、この道林和尚と白楽天の問答を知っていたと思う。そう考えると、やはりこれは光太郎の自戒の詩だとわたしは確信している。まず当たり前のことができる人間になろうではないか。

〈おことわり〉文中の引用文は、一部現代かなづかいに改めるなど、現代の読者に読みやすい表記に変えてあります。ご了承ください。

本書は、本文庫のために書き下ろされたものです。

藤原東演（ふじわら・とうえん）

1944年、静岡市生まれ。宝泰寺住職。臨済宗妙心寺派布教師会会長。サールナートホール館長。社会福祉法人「静岡いのちの電話」理事。京都大学法学部卒業後、京都の東福寺専門道場で修行。妙心寺派教学部長、浜松大学非常勤講師などを歴任したほか、静岡青年会議所文化開発室長、高校英語教師を務めたこともある。中国シルクロードやインド、ブータンの仏跡巡拝、テレビ説法、コメンテーターなどでも活躍。

著書には『般若心経　人生を変える「気づき」の言葉』『心がラクになる生き方』（以上、成美文庫）、『人生、「不器用」に生きるのがいい』（祥伝社黄金文庫）、『ほんとうの自分を生きる』（チクマ秀版社）などがある。

知的生きかた文庫

禅《ぜん》、「あたま」の整理《せいり》

著者　藤原東演《ふじわらとうえん》

発行者　押鐘冨士雄

発行所　株式会社三笠書房

郵便番号一〇二-〇〇七二

東京都千代田区飯田橋三-三-一

電話〇三-五二二六-五七三四〈営業部〉

〇三-五二二六-五七三一〈編集部〉

http://www.mikasashobo.co.jp

印刷　誠宏印刷

製本　若林製本工場

ISBN978-4-8379-7721-6 C0130

落丁・乱丁本は当社にてお取替えいたします。

定価・発行日はカバーに表示してあります。

知的生きかた文庫

心に響く般若心経

公方俊良

自分が固定した思いや考え方を持ち、自分の尺度に合わせようとするからうまくいかない。相手や環境に自在に対応していけばよいのだ。

般若心経、心の「大そうじ」

名取芳彦

般若心経の教えを日本一わかりやすく解説した本です。誰もが背負っている人生の荷物の正体を明かし、ラクに生きられるヒントがいっぱい！

老子・荘子の言葉100選

境野勝悟

自由に明るく生きようと主張した老子、その考えを受け継いだ荘子。厳選した100の言葉の中から生きる勇気をもらえる一言が必ず見つかります。

心が大きくなる坐禅のすすめ

中野東禅

どうか、軽い気持ちで坐ってください。「姿勢、呼吸、心」――この3つを調えるだけで効果絶大。心が大きく、強く、きれいになります。

ちょっと困った時、いざという時の「禅語」100選

西村惠信・監修
仏楽学舎・著

本書は、禅語の解説書でも、入門書でもありません。〝心の持ち方〟〝生きる智慧〟である禅語から、現代人の生きるヒントになるものを厳選、具体的な実践法を紹介！

C50044